大数据背景下高校教育管理研究

孙春丽　著

延吉·延边大学出版社

图书在版编目（CIP）数据

大数据背景下高校教育管理研究 / 孙春丽著.

延吉：延边大学出版社，2024. 7. -- ISBN 978-7-230
-06816-1

Ⅰ. G640

中国国家版本馆CIP数据核字第20244DR637号

大数据背景下高校教育管理研究

DASHUJU BEIJING XIA GAOXIAO JIAOYU GUANLI YANJIU

_____

著　　者：孙春丽

责任编辑：徐　翠

封面设计：文合文化

出版发行：延边大学出版社

社　　址：吉林省延吉市公园路977号　　　　邮　　编：133002

网　　址：http://www.ydcbs.com　　　　E-mail：ydcbs@ydcbs.com

电　　话：0433-2732435　　　　传　　真：0433-2732434

印　　刷：廊坊市广阳区九洲印刷厂

开　　本：710mm×1000mm　　1/16

印　　张：14.75

字　　数：220 千字

版　　次：2024 年 7 月 第 1 版

印　　次：2024 年 7 月 第 1 次印刷

书　　号：ISBN 978-7-230-06816-1

_____

定价：78.00元

前　　言

随着时代的发展和社会的进步，公众的文化素养不断提高，公众对高校教育事业的关注度也越来越高。加强高校教育管理研究，推动高校教育管理的健康发展，是高校教育事业发展的必然要求。借助大数据等信息技术积极推动高校教育管理模式的多元化探究，有助于增强教育管理的科学性，调动高校学生的学习积极性，进一步优化教学模式，提高教学质量，更好地培养学生的核心素养。

在大数据时代，信息技术的飞速发展深刻地改变了各行各业的运作方式，高校教育管理也不例外。大数据技术的引入为高校带来了前所未有的机遇，使得教育管理者能够更加深入地把握学生的学习情况、了解教职工的工作能力，从而更合理地分配教学资源。

大数据技术的广泛应用，为高校教育管理研究带来了新的视角和思路。本书旨在探讨大数据背景下高校教育管理的相关议题，首先简要介绍了教育大数据的相关内容，深入剖析大数据技术对高校教育管理的影响，尤其是对高校教育管理创新、教学过程管理与优化、在线课程设计等方面的影响，并从课程管理、学生管理、图书馆知识服务、教务管理四个角度，对高校教育管理中的大数据应用提出相应的建议。

由于笔者水平有限，书中难免存在不足之处，敬请广大学界同仁与读者朋友批评指正。

孙春丽

2024 年 5 月

目　　录

第一章 教育大数据概述

随着信息技术的快速发展，人类社会已进入大数据时代。大数据技术在各行各业有着巨大的应用价值，对制造业、物流业、金融业等行业的发展产生了重大影响。大数据对教育的影响也引发了研究者与实践者的关注。借助大数据技术，教育领域的相关工作者能以强大的技术手段捕捉、处理与分析在教学、管理等环节产生的海量数据，挖掘这些数据背后的价值，分析教育生态系统的变革方向。本章主要对教育大数据的定义、特征、类型、意义及关键领域进行梳理。

第一节 教育大数据的定义

随着科技的发展，大数据技术正在悄然改变人们的工作方式、生活方式及思维方式，也给教育领域带来了强烈的冲击，成为推动教育系统创新与变革的颠覆性力量。美国新媒体联盟发布的《地平线报告（2013 高等教育版）》非常有预见性地指出，"大数据和学习分析"将在未来 2～3 年成为主流技术。在大数据理念与技术的冲击下，教育领域正在进行一场"静悄悄的革命"。

一、大数据

（一）大数据的提出

1980 年，美国著名未来学家托夫勒（A. Toffler）在其著作《第三次浪潮》一书中，将大数据称为"第三次浪潮的华彩乐章"。1997 年，美国国家航空航天局的研究人员使用"大数据"一词来描述超级计算机在实验中生成的"巨大的对主机内存、磁盘等带来挑战"的信息数据量。1998 年，在国际著名学术期刊《科学》上刊登的文章《大数据的处理程序》使用了"大数据"一词。2008 年 9 月，美国《自然》杂志设立"Big Data"专刊。2011 年 2 月，《科学》杂志设立"Dealing with Data"专刊。之后，随着互联网技术的快速发展，数据规模不断扩大。国际数据公司的统计数据表明，2008 年全球产生的数据量为 0.49 ZB，2009 年的数据量为 0.8 ZB，2010 年增长为 1.2 ZB，2011 年的数量更是高达 1.82 ZB，相当于全球每人产生 200 GB 以上的数据，大数据开始引起人们的注意。

2011 年，美国麦肯锡咨询公司发布了题为"大数据：下一个创新、竞争和生产力的前沿"的研究报告，该报告指出：数据已经渗透到当今每一个行业和业务职能领域，成为重要的生产因素；人们对海量数据的挖掘和运用，预示着新一波生产率增长和消费盈余浪潮的到来。这一观点将大数据视为创新、竞争与生产力的风向标。自此，大数据的快速发展在国际范围内引起了人们的空前关注。

2012 年，联合国发布了《大数据促发展：挑战与机遇》白皮书，白皮书指出：大数据时代已经到来，大数据的出现将会对社会各个领域产生深刻影响。2013 年，迈尔-舍恩伯格（V. Mayer-Schönberger）与库克耶（K. Cukier）合著的《大数据时代：生活、工作与思维的大变革》一书，被认为是国外大数据研究的开先河之作，真正把大数据推向了公众视野。正如书中写的那样，2013 年是大数据时代的元年，标志着信息技术进入了新的发展阶段。大数据技术开启了一次重大的时代转型，就如望远镜能让人们感受到宇宙，显微镜能让人们看清微生物一样，大数据影响的不仅是人们生活的方方面面，还改变了人们理解世界的方式。

当下，大数据研究正在成为一股热潮，世界各国都在加快大数据战略布局，以抢占新一轮科技革命的制高点。大数据技术在电子商务、通信、物流、医疗、公共交通等众多行业和领域得到了广泛的应用，并取得了巨大的成功。

例如，在电子商务领域，大数据技术可以用于广告的定向投放和智能推荐；在金融领域，企业可以利用大数据技术来开展基于客户行为分析的大数据营销和供应链管理工作；在医疗领域，医生可以对患者在接受治疗的过程中产生的数据进行分析，为后续的治疗方案提供重要的辅助依据，还可以为患者提供个性化的健康医疗服务；在公共交通领域，相关研究人员可以基于城市实时交通信息数据，优化公共交通运输资源的配置；在能源行业，相关人员可以运用大数据技术，对能源生产与消费环节的信息进行综合采集、处理和分析，促进相关技术革命与大数据理念的深度融合，加速推进能源行业发展及商业模式创新。

（二）大数据的定义

随着大数据技术的飞速发展，许多国家的高校、科研院所等相继成立了大数据研究机构，从不同角度开展大数据研究工作。关于大数据的定义，不同的学者、研究机构有不同的看法。

有的学者认为，大数据是数据概念的延伸和扩展，是数量巨大的数据，其与传统数据的区别主要在于规模。例如，刘建明认为，大数据是巨量资料、浩瀚信息的另一种称呼，实际上是 20 世纪 80 年代末盛行一时的信息爆炸的同义语。

有的学者则强调，大数据不仅意味着数据量大或数据种类多，还意味着这种数据是使用传统的软件工具难以捕捉、管理与分析的数据。例如，麦肯锡咨询公司在研究报告中是这样表述的：大数据是指其大小超出了典型数据库软件的采集、储存、管理和分析等能力的数据集。

美国著名信息存储资讯科技公司易安信这样描述大数据：大数据并不是一个准确的术语；相反，它是对各种数据（其中大多数是非结构化的）永不休止地积聚的一种表征，它用以描述那些呈指数级增长，并且因太大、太原始或非结构化程度太高而无法使用关系数据库方法进行分析的数据集。

上述定义不仅指出了大数据的海量数据规模，还强调了大数据的价值。《大数据时代：生活、工作与思维的大变革》一书指出，数据就像一个神奇的钻石矿，它的真实价值就像漂浮在海洋中的冰山，第一眼只能看到冰山一角，而绝大部分都隐藏在表面之下。该书还认为，大数据是当今社会所独有的一种新型的技术：以一种前所未有的方式，通过对海量数据进行分析，获得有巨大价值的产品和服务，或深刻的洞见，通过对海量数据的交换、整合、分析，可以发现新知识、创造新价值。

有些机构则认为，大数据是从海量数据中抽取有价值数据的新一代技术，使得高速的采集、发现、分析成为可能。中国工程院院士邬贺铨指出，大数据是指其规模大到（或变量复杂到）人们可以从中找出事物发展规律的数据集。

大数据的含义并不止于此，还包括快速的数据生成与处理、动态的数据体系等。例如，全球知名信息技术调研机构高德纳对大数据的定义是这样的：大数据是大容量、高速率、多变化的信息集，需要考虑成本效益、信息处理的创新形式，以促进理解与决策。工业和信息化部电信研究院发布的《大数据白皮书（2014 年）》中对大数据的定义如下：大数据是具有体量大、结构多样、时效强等特征的数据；处理大数据需采用新型计算架构和智能算法等新技术；大数据的应用强调以新的理念应用于辅助决策、发现新的知识，更强调在线闭环的业务流程优化。

总之，随着大数据理念的传播及其应用的逐步深入，大数据在内涵和外延上已超越传统意义上的"数据"概念。大数据不仅仅是一种技术，还是一种能力，即从海量复杂的数据中寻找有意义、有关联的数据信息，找出事物变化规律，准确预测事物发展趋势的能力。大数据是一套方法论，通过间接的数据，推测事物难以客观表达的特征，揭示事物间内在的、本质的、必然的联系，帮助人们更加准确地认识事物。

大数据更是一种思维方式，即让数据"开口"说话，让数据成为人类思考问题、作出行为决策的基本出发点，让人们通过科学计算而不是凭借主观臆断来探寻事物本质。大数据所蕴含的多元、有序、共享、生成等思想，促使人们在哲学思想指导下应对大数据带来的挑战，并在这一过程中掌握一定的技术、方法和思维。当前，大数据正在演变为一种社会文化方式，即人人生产数据、人人共享数据、人人热爱数据、人人管理数据，这种文化方式正在对各个行业产生影响。

二、教育大数据

随着时代的发展与科技的进步，越来越多的数据正在产生，而且产生的速度越来越快。从理论上讲，任何领域只要有人的活动，都可以持续不断地产生数据，教育领域也不例外。教育领域在不断生成海量的数据，这就是人们所说的教育大数据。教育大数据的重要性和蕴含的巨大价值引起了越来越多人的关注。

2012 年，美国教育部发布的《通过教育数据挖掘和学习分析促进教与学》报告指出，对教育大数据进行挖掘与分析，可以促进美国高等院校及 K-12 学校教学系统的变革。2013 年，美国宾夕法尼亚大学教授贝克（R. Baker）在大型教育平台 Coursera 开设"教育大数据"课程，向学习者介绍常用的数据挖掘方法，以及如何将这些方法应用到教育数据挖掘和学习分析中。

2015 年被认为是中国的教育大数据元年，政府、企业、学校、研究者、管理者、教师、社会公众等都开始关注教育大数据，相关政策文件、研究机构、市场产品等纷纷出现。2015 年，国务院发布的《促进大数据发展行动纲要》指出，"数据已成为国家基础性战略资源"，并在启动的十大工程之一——"公共服务大数据工程"中明确提出建设教育文化大数据，将教育大数据建设上升到国家战略层面。

2016 年，教育部发布的《教育信息化"十三五"规划》强调，"积极利用云计算、大数据等新技术，创新资源平台、管理平台的建设、应用模式"。2016 年 4 月，中国首份教育大数据发展报告——《中国基础教育大数据发展蓝皮书（2015）》正式发布，其对教育大数据基础理论、发展理念和应用范式进行了梳理。

2018 年，教育部印发《教育信息化 2.0 行动计划》，指出完善教育管理信息化顶层设计，全面提高利用大数据支撑保障教育管理、决策和公共服务的能力，并提出深化教育大数据应用的建议。教育大数据的浪潮席卷而来，为解决教育难题、促进教育领域综合改革与发展提供了重要机遇，成为一股推进教育创新发展的科学力量。

由于教育及大数据的复杂性，目前，学界对教育大数据尚且没有一个统一的定义。学者们从不同角度出发，对教育大数据进行了阐释。

方海光认为，总体而言，教育大数据有两种定义：第一种定义是指大数据应用在教育行业中，可以翻译为"Big Data in Education"，这种定义特指在教育领域应用大数据的技术和方法，它强调大数据及大数据技术在教育行业中的应用，主要观点是技术引导教育变革；第二种定义是指教育行业中的大数据，可以翻译为"Educational Big Data"，这种定义特指教育领域的大数据，即教师和学生在教育和学习过程中所产生的各类数据的总称。

这两种定义都是将教育大数据看作大数据的一个重要子集，是大数据技术在教育领域的延伸，认为教育大数据指的就是教育领域的大数据，即整个教育活动过程中所产生的，以及根据教育需要采集到的，一切用于教育发展并可能创造巨大潜在价值的数据集合。

一般认为，从教育的范畴出发，教育大数据有广义、狭义之分。教育是一种培养人的社会活动，是传承社会文化、传递生产经验和生活经验的基本途径。

从广义上看，教育涉及的范围极为广泛，凡是能丰富人们的知识、影响人们的思想观念的活动，都具有教育作用，这里的教育是"大教育"的概念，具有全员（面向所有人）、全程（从学前教育到终身教育）、全方位（家庭、学校、社会"三位一体"）的特点。

从狭义上来看，教育是以影响人的身心发展为直接目标的社会活动，是教育者根据一定的社会要求，有目的、有计划、有组织地通过学校教育的工作，对受教育者的身心施加影响，促使他们朝着期望的方向变化的活动。

杜婧敏、方海光等在《教育大数据研究综述》一文中将教育大数据定义为：面向教育全过程时空的多种类型的全样本的数据集合。这一定义指出，广义的教育大数据来自教育的全过程、全时空、多种类型、全样本。

孙洪涛等在《教育大数据的核心技术、应用现状与发展趋势》一文中对教育大数据下的定义是：服务教育主体和教育过程，具有强周期性和巨大教育价值的高复杂性数据集合。

徐鹏、王以宁等在《大数据视角分析学习变革——美国〈通过教育数据挖掘和学习分析促进教与学〉报告解读及启示》一文中指出：广义的教育大数据泛指来源于日常教育活动中人类的行为数据，狭义的教育大数据指的是学习者的行为数据。

美国著名教育公司 Knewton 将教育大数据分为两类：一类是有关学生基本信息的数据（如身份识别数据），另一类是基于学生学习活动用以提升学习效果的数据，包括学习交互数据、推断的内容数据、系统范围数据、推断的学生数据等。

也有一些学者从技术层面来解释教育大数据，认为教育大数据是一种分布式计算架构，通过数据共享的各种支持技术达到共建共享的目的。这些数据既有静态的结果性数据，也有动态的过程性数据，它们共同组成有价值的数据库，研究者通过对数据库中的数据进行限制条件的搜索、查找、分析，就可以发现教育发展规律，进行有价值的、有针对性的指导，或者进行相关判断和预测。

还有学者从生态学的角度来理解教育大数据，认为教育大数据不仅仅是建设教育大数据中心，也不仅仅是分析在教育全过程中产生的学习数据，更多的是一种共享的生态思想。

总之，在大数据浪潮的冲击下，教育在加速与大数据相结合。教育大数据的发展呈现出一派生机勃勃的景象。基于教育大数据的思想，可以构建一种不同于商业互联网的模式，一种能够平衡教育和技术使用的模式。教育大数据的最终价值在于实现教育管理与决策的科学化、教育服务的人性化、学习的个性化，以及教学模式的改革、教育评价体系的重构、科学研究范式的转型。

第二节　教育大数据的特征和类型

一、教育大数据的特征

随着教育数据获取技术的更新和获取手段的多样化，教育大数据的体量越来越大，类型越来越多。同时，教育大数据是一类典型的数据，呈现出与其他领域数据不同的特征。归结起来，教育大数据的特征主要有以下几个：

（一）海量性

教育大数据的数量"多"到何种程度呢？以基础教育领域的大数据为例，《中国基础教育大数据发展蓝皮书（2015）》对基础教育大数据体量的估算结果为：班级大数据达 96 GB，校园大数据达 25 588 GB≈25 TB，区县大数据为 4 343 134 GB≈4 PB，全国大数据则为 12 390 961 302 GB≈12 EB，再加上非正规教育活动的数据，如校外辅导班的学习数据、网络自主学习数据等，可以说是海量。从规模上看，教育大数据的体量虽然尚未达到零售业、电信业等领域的规模，但已经超出了传统数据工具的处理能力。

（二）多类性

构成教育大数据的要素主要是一些基础的元数据，如教师的教学行为数据、教师的课堂管理数据、学生的学习行为数据、学生的教学评价数据以及学生的考试数据等。教育大数据直接产生于各种教育活动（包括教学活动、管理活动、科研活动、校园活动等），指向教育发展，能在提升教育质量、促进教育公平、优化教育资源配置、推动教育决策科学化等方面发挥有效作用。

教育不仅包括学校教育，还包括家庭教育、社会教育以及各种非正式教育。教育的对象不仅包括学生，也包括教师、管理人员等全体从事教育行业的人员。教育的阶段也包括从学前教育到终身教育的全部阶段。此外，教育大数据中的非结构化数据，特别是音频、视频数据占很大比重。教育大数据类型多样，并有一定的复杂性。

（三）实时性

传统的教育数据采集方式一般是人工采集，具有周期性、阶段性特点，实时性不足。教育大数据具有高度个性化的特点，它能体现每一个学生的行为，如学习的过程轨迹、情绪表现、问题反馈等，这些个性化的数据一经产生就能够被及时记录下来。人们可以通过传感设备实时地、不间断地对这些数据进行采集，因此教育大数据具有很强的实时性。

（四）流转速度慢

从流转速度的角度来看，教育大数据流转速度相对较慢。教育教学活动具有周期性，决定了教育大数据也具有典型的周期性，而且持续时间较长。与电商等领域中步骤清晰、结果明确、周期较短的交易活动不同，教育教学活动具有更强的复杂性，因此教育大数据并不像交易数据、搜索数据或通信数据那样，具有快速流转的特点。

（五）蕴含价值高

在传统学习过程中，数据信息具有碎片化特点，无法为受教育者提供参考。在某些场景中，如管理决策，教育者因为缺乏可靠的数据分析而只能借助经验进行判断。大数据的出现解决了传统教育技术无法解决的问题，能帮助人们对海量、异构、多维的教育数据进行清洗、整合、挖掘和应用，并从中提取出具有潜在应用价值的信息，为教学、科研、后勤、管理、安保等各项工作提供科学的数据支撑。教育大数据是一种无形的资产，是一座可无限开采的"金矿"，对其进行充分挖掘与应用是实现教育大数据"资产"增值的唯一途径。教育大数据是发展智慧教育的基石，是一种教育战略资产，能为教育领域的综合改革提供参考。

教育大数据之"大"并非仅指数据的数量多，更强调其具有较高的价值，即人们能从繁杂的教育数据中发现相关关系、诊断现存问题、预测发展趋势。

（六）价值密度低

实现价值是大数据的最终目标。为形成用户价值，需对海量的数据进行挖掘、分析，这使得大数据价值呈现出密度低的特性。相较于其他行业大数据的价值密度，教育大数据的价值密度已经算比较高了，但教育大数据价值的实现还是依赖于数据挖掘。一般来说，导致教育大数据价值密度低的因素主要包括：

数据系统缺乏兼容性、数据本身的可用性不强、数据提供者对同一数据项理解不一致、数据更新不及时。

综上所述，教育大数据的特点可以概括为海量性、多类性、实时性、流转速度慢、蕴含价值高以及价值密度低。与电子商务、交通、医疗、金融保险等领域的大数据相比，教育大数据还具有以下特征：教育大数据的采集呈现出高度的复杂性；教育大数据的应用需要高度的创造性；教育大数据不仅注重数据间的相关关系，更强调因果关系。

二、教育大数据的类型

在大数据时代，移动通信、云计算、传感器、普适计算等新技术正逐步融入教育的全过程。教育大数据由具有不同来源的异构数据组成，极为复杂。

（一）根据数据结构化的程度划分

教育大数据的结构较为复杂，根据数据结构化的程度，可以将教育大数据分为结构化数据、半结构化数据和非结构化数据。在教育大数据未来的发展中，常规的结构化数据虽然十分重要，但非结构化数据将逐渐占据主导地位。

1.结构化数据

结构化数据是指可以用数据库二维逻辑表来表现的数据，如学生的基本资料、学习成绩、就业率、出勤记录等。

2.半结构化数据

半结构化数据介于结构化数据与非结构化数据之间，是结构变化很大的数据，如 E-mail、标记语言 XML 等。XML 定义了一组人机可读格式的文档编码规则，其特点在于标签驱动结构非常灵活，编码人员可以将其用于 web 程序，从而用于数据存储、传输等环节。

3.非结构化数据

非结构化数据是数据结构不规则或不完整，没有预定义的数据模型，不方便用数据库二维逻辑表来表现的数据。或者说，非结构化数据具有内部结构，但不通过预定义的数据模型或模式进行结构化处理。它可能是文本的或者非文本的，如图片、视频、音频、交互信息和知识图谱等；也可能是人为的或机器生成的。

（二）根据数据产生的环节划分

根据数据产生的环节，可以将教育大数据分为过程性数据和结果性数据。

1.过程性数据

大数据技术对教与学活动过程的记录较为精细。过程性数据指的就是相关技术人员在教与学活动过程中采集到的、难以直接被量化的数据。例如，大数据技术可以准确记录课堂教学中教师提问与微笑的次数、学生举手的次数、学生回答问题的次数与时长、师生互动的频率与时长，还可以抓取每位学习者使用在线学习资源的过程和细节，如点击资源的时间点、停留的时长、答对题目的数量、资源的回访率、在线作业完成情况等。

2.结果性数据

结果性数据常常表现为某种可量化的结果，如学生识字的准确率、学生作业的正确率、学生的考试成绩等。大数据技术使得相关研究人员对教育数据的处理更加便捷，能够更好地将测试成绩等结果性数据进行可视化呈现，从而便于教师把握学习者的学习情况，提出更具针对性的发展建议，改善教学效果。

（三）根据数据的主体划分

根据数据主体的不同，可以将教育大数据分为个体数据、学校数据和区域数据。

1.个体数据

随着各类教育资源公共服务平台、教育管理公共服务平台的广泛应用，大数据能全面记录学习者的学习、生活及成长情况。教育大数据中的个体数据主要指的是反映教育领域中的学习者、教职工等个体情况的数据。其中，学习者的数据是非常重要且数量最多的一类数据，是教育大数据的主要部分。

（1）基础信息

基础信息指的是按照国家规定采集到的学习者、教职工等的基本信息数据，比如学生的姓名、年龄、性别、籍贯、学号、健康信息，教职工的姓名、年龄、性别、籍贯、学历和研究专长等。

（2）学习（教学）数据

学习（教学）数据主要指的是在教与学的过程中产生的相关教育数据，包括学习资源类数据、学习行为类数据和学习结果类数据。教与学过程中产生的所有信息都被记录下来，使得教育过程从"非量化"到"可量化"。

①学习资源类数据。主要指的是学习者在学习过程中用到的相关学习材料和学习环境，比如多媒体素材、文档、试卷、教学课件、教学案例等，这类数据多以文本、音频、视频等非结构化的形式存储在文件系统中。

②学习行为类数据。包括教师教学行为和学生学习行为产生的数据，前者涉及讲解与演示行为、答疑与指导行为、提问与对话行为、评价与激励行为等，后者则包括信息检索类行为、信息加工类行为、信息发布类行为、信息交流类行为等。

③学习结果类数据。包括学习者的课程作业、课程考核成绩、学业水平考试结果以及综合素质评价结果等。

（3）生活服务数据

生活服务数据指的是学习者或教职工等个体在校园生活中产生的教育数据，如餐饮消费、图书借阅、网络使用、复印资料、社团活动、休闲娱乐等各类师生生活中所产生的数据。

相关管理人员可以通过一卡通管理数据库、学生宿舍管理系统数据库等，采集学习者的食堂就餐数据、校内购物数据、打开水数据、进出宿舍数据等，以分析学习者的就餐时间、购物次数、购物金额、就寝情况等。

相关管理人员还可以通过图书馆系统管理数据库，采集学习者在图书馆的自习数据、图书阅览数据等，以分析该学习者的日常自习时间、图书借阅量等；还可采集学习者的社团活动数据、进出校门数据等，以分析该学习者参与社团的情况、外出情况等。

（4）科研数据

科研数据指的是在个体科学研究活动中采集到的数据，比如学习者或教职工的论文发表情况、学习者或教职工主持或参与的科研项目、科研设备运行、科研材料的采购与消耗、研究数据与资源的共享等信息。

随着大数据技术的不断成熟，各种科研数据的获取将更加便利，这在一定程度上有利于解决科研经费投入不足、数据分析困难以及科研管理不够科学等难题，为科研工作者提供了更坚实的技术支撑和更为便捷的人性化服务，大大提高了研究的效率，提升了结果的可信度。

2.学校数据

学校是在漫长的人类社会发展历史中逐渐形成的教育与文化载体，并且随着社会的发展而发展。从"家有塾，党有庠，术有序，国有学"，到书院、学堂，再到今天的学校，其一直都是人类科学知识传播与文化传承的重要机构。大数据时代的教育竞争是对核心数据的争夺和利用，相关管理人员只有充分认识学校层级大数据的重要性，不断获取核心数据，不断挖掘和利用好数据，才能适应新时代教育的发展，从而推动学校教育的整体发展。

大数据技术能够帮助相关管理人员从海量的教育数据中发现隐藏的、有用的信息，找出教育系统中实际存在的问题，从而为做好教育管理和决策工作提供科学的数据支持。

在教育大数据中，学校数据指的是以学校为单位产生的、由各类教育教学管理系统记录下来的数据，主要包括国家规定的各种学校管理数据（如学生管理数据、办公管理数据、科研管理数据、财务管理数据等）、课堂教学数据、教务数据、校园安全数据、设备使用与维护数据、教室与实验室使用数据、学校能耗数据以及校园生活数据等。

借助大数据技术，相关管理人员不仅可以记录各教育机构的人事信息、教育经费、办学条件和服务管理等数据，而且可以对教育机构各种类型的数据进行长期积累，并利用统计分析、应用模型等技术将数据转换为知识，最终为教育者和学习者提供决策依据。学校对大数据进行分析，可以帮助学生进行学业规划，从而更好地服务学生。

利用大数据技术，相关管理人员可以深度挖掘教育数据中的隐藏信息，找出教育过程中存在的问题，提供解决方法，提高教育管理水平。学校层面的教育大数据给学校的教育管理与决策带来了新的变化——教育决策从"经验化"到"科学化"，数据驱动的决策将变得越来越可靠；教育管理从"不可见"到"可视化"，通过可视化技术将实现更直观、更准确、更高效的教育资源与业务管理。例如，一些高校已经建立了学生画像、学生行为预警、学生家庭经济状况分析、学生综合数据检索、学生群体分析等功能性管理系统，由面向复杂群体管理变为面向特征群体管理，以更好地挖掘学生在专业学习或就业方向上的潜能，为学生提供个性化的管理与培养方案。

3.区域数据

区域教育发展的不平衡是中国教育事业面临的重大问题之一。应用大数据技术可以准确把握区域教育发展动态，分析影响区域教育均衡发展的关键因素，从教育环境改善、教育资源均衡、教育机会均等、教育质量提高等方面全面推进区域教育的均衡发展。

大数据是区域智慧教育发展的基础，区域性教育大数据的汇聚应用是智慧教育发展的必经阶段，依托大数据逐步形成智能系统和智能装备，能为区域智慧教育发展奠定基础；大数据是科学配置区域教育资源的基础，教育大数据是在教育活动开展过程中产生的数据，它反映了教育系统运行过程中实时的、真实的运行状况，反映了教育系统运行的内在规律。

借助大数据进行数据挖掘，可以找出教育系统的内在发展规律及变化趋势，帮助教育决策部门科学地预测区域内教育发展的需求，从而进行科学的教育决策与教育资源配置，由事后补救转向事前预警，使得教育资源配置的过程更迅速，甚至实现实时化的教育资源配置。例如，基于区域性的教育电子地图，叠加区域综合大数据，及时动态地显示区域教育的变化趋势，能帮助教育决策者获得宏观洞察力。大数据不仅服务于区域教育行政部门，也服务于每一位教师、每一位学生、每一位家长。让服务主体有获得感，是推进区域教育质量检测与管理、提升区域教育质量的有效手段。

大数据技术能够助力区域教育改革、优化区域专业配置、合理布局学校分布、整合区域教育资源、辅助区域教育决策，加速推动高质量教育体系的构建。此外，不同区域的教育现状不同，运用大数据技术不仅可以缩小区域间的教育差距，还有助于不同区域根据自身的环境条件、经济状况以及发展需要，形成各具特色的区域教育发展路径。

通过建立连续的、制度化的、区域教育发展数据采集机制，教育决策者可以全面跟踪了解学生的在校学习情况以及毕业后的工作情况，进而更加客观地评价区域教育质量。同时，教育决策者也可以根据评估结果动态地调整区域教育体系，比如专业调整、课程计划调整、培养方式调整等，实现教育与社会需求的无缝衔接，帮助每一位学生获得成功。

在区域发展层面，教育大数据的作用主要体现在推动教育资源要素跨区域流动、教育产业跨区域发展、人才结构和劳动力结构跨区域调整、创新能力体系跨区域构建等。区域层面的教育大数据主要是指该区域的各个学校、社会培训机构、在线教育机构等产生的教育数据，如国家规定的教育行政管理数据、区域教育云平台产生的各种行为与结果数据、区域教研等所需的各种教育资源数据、区域层面开展的各种教学教研与学生竞赛活动数据以及各种社会培训与在线教育活动数据。

随着大数据时代的到来，国际社会逐渐认可了教育大数据的战略资源地位。国家层面的教育大数据，主要指的是各个区域的教育教学活动所产生的数据集合，包括个体数据、学校数据、区域数据等，可以反映一个国家宏观层面教育发展的整体状况，在制定教育政策、推动教育发展等方面起着积极作用。目前，我国教育部已建立了较为完整的国家基础教育质量数据库和多级数据采集网络，以全面、客观地记录学生的成长轨迹，从多个角度积累学生成长的相关数据，促进学生培养模式和教育管理方式的健康发展。

总之，不管采用哪种分类方法，教育大数据的核心都是"人"与"物"。"人"是指学生、教师、管理者、家长等各类人员；"物"是指信息系统、服务器、多媒体设备等各种教育装备。无论怎样，教育领域存在着海量的数据。那么，如何利用这些数据，使这些数据转变为信息、知识并服务于教学决策，以优化教育管理效果，已成为教育工作者及学习者关注的主要内容。

第三节　教育大数据的作用和关键领域

大数据是技术发展的重大变革，是时代发展的产物，是信息技术有代表性的发展成果，也影响着时代的进步与发展。当前，随着信息技术的高速发展，人类进入了大数据时代，大数据迅速融入各行各业并得到广泛应用，成为各行各业重大变革的主要推动力。

一、教育大数据的作用

教育与国家的发展、人类的进步密不可分，教育大数据虽是在教育领域产生的数据，但它的作用和意义不仅仅限于教育领域。

从宏观层面来看，教育大数据是大数据领域的重要分支，是国家大数据战略的重要一环，是提升国家现代化治理水平的有力支撑，是构建智慧城市的重要组成部分，在推动区域融合创新发展方面扮演着重要角色。

从中观层面来看，教育大数据是推动教育领域创新发展的新动力，是推动教育领域综合改革的科学力量，能为破解教育发展难题提供可行性，能增强教育决策的科学性，能有效助力智慧教育发展，能在教育管理、教育评价等方面引发一系列的变革，能推动教育信息化发展，进而催生新的教育生态系统。

从微观层面来看，教育大数据技术的引入，将推动学校管理理念、教师教学方式、学生学习方式的创新，在学校管理、教师发展、学生成长等方面都有积极作用，可以为学校的精细化管理提供数据支持，为智能化服务提供数据支撑，为教师的差异化教学提供数据保障，为学生个性化学习提供数据支持。

具体来看，教育大数据的作用主要有以下几点：

（一）教育大数据驱动教育决策创新

教育是民生大计，影响教育的因素又错综复杂，任何改革与决策都需要格外谨慎。教育大数据的价值在于通过大量采集各种教育数据并进行处理、分析，发现各种教育活动之间的新联系、新趋势，创造新价值。传统的教育决策过程存在依赖主观经验、专家权威主导、教育数据采集量小、决策数据样本数量有限等问题，往往缺乏有效数据的支持。

教育大数据可以有效呈现数据之间的内在联系，能帮助人们对事物未来的发展变化进行预测，更好地体现教育信息的价值。随着大数据思想的深入人心，以及大数据技术的日益成熟，加之各种数据库的不断开放、融合，相关研究人员对师资配置、学习环境、教学过程、用户行为等各类教育数据的采集、挖掘、分析变得越来越容易，教育大数据的"仓库"逐步形成，教育大数据与教育决策深度融合成为可能，以大数据驱动决策成为提高教育决策科学性的一条崭新路径。

教育大数据能全面提高教育决策的数据支撑能力，这有利于教育决策的科学化、合理化、民主化，有利于量化教育发展成果，统筹教育全局，从而帮助高校管理人员摆脱教育决策"拍脑袋"的困境，使教育决策朝着"用数据说话"的方向发展。

（二）教育大数据助力教育教学变革

2015 年，国务院印发的《促进大数据发展行动纲要》明确指出，"探索发挥大数据对变革教育方式、促进教育公平、提升教育质量的支撑作用"。

教育大数据是在整个教育活动过程中产生的，具有一定的独特性，它是有效改进教育方式、提升教育质量的突破口，正成为助力教学模式、教学评价、教学研究等不断变革的关键性力量。

在教学模式方面，借助大数据技术，高校管理人员能全面采集学生的主客观数据，并进行清洗、挖掘和分析，从而了解学生状况，及时发现潜在的问题，进行有效预测和干预；有效的数据分析也有助于教师进行精准化教学、分层差异教学、适应性教学和个性化教学，使因材施教成为可能。对学生的学习过程和学习状态进行量化处理，以数据驱动教学流程的再造及动态调整，可以有效实现精准学情分析、精细教学设计、精心教学辅导、精益教学服务，进而营造新的教学生态环境。

在教学评价方面，借助大数据技术，高校管理人员能从多个角度记录学生的成长数据，对学生的学习行为、情感体验、学业表现、个性技能、成长体验等多源、多模态数据进行综合分析。这种综合分析可以使评价内容多元化，使评价方式更加多样，有利于完善教育评价标准，实现对学生的精准化、个性化评价。

在教育科研方面，数据分析可以使研究成果量化，能帮助高校科研人员更准确地预测研究方向与发展趋势。借助大数据技术，还能够建立以教育大数据为基础的新型研究范式，使教育研究者借助数据，探究教育教学的新问题，发现教育教学的规律。

（三）教育大数据促进学习方式转变

大数据进入教育教学领域后，学习者的思维方式和行为模式也随之发生了深刻变化。利用大数据技术，相关教育工作者可以更细致地分析学生的学习行为，明确学生的学习需求和学习特点，为学生提供个性化的学习方案。

在大数据背景下，借助大数据技术，相关教育工作者可以建立学习预警系统、自适应学习系统以及支持学生学习的各类平台，对学生的课堂学习情况和在线学习情况进行全面分析。对学生整个学习过程进行数据分析，有助于准确把握学生的学习风格、学习兴趣、学习效果，并实时反馈给相关决策者。基于教育大数据，教师可以分析学生的学习行为，及时对学生进行指导和干预，帮助学生调整学习目标，为学生规划个性化的学习路径，向他们推荐个性化的学习资源，满足学生的个性化学习需求。

基于教育大数据，学生可以依托在线学习系统，实现学习过程量化、效果量化、目标量化，进而形成明确的学习路径，并根据系统给予的实时反馈，结合自身学习基础和学习需求，进行自适应学习、自我调节学习、自我控制学习，最终实现智慧学习，从而提高学习质量，体验学习带来的快乐。

二、教育大数据的关键领域

教育大数据的关键领域包括学习分析和教育数据挖掘，下面将从这两个方面进行探究：

（一）学习分析

学习分析有助于人们对教育大数据的深度理解和应用，能为教育创新提供全新的视角。

1.学习分析的提出

在美国新媒体联盟与美国高等教育信息化协会合作发布的 2010 年度《地平线报告》中，学习分析技术首次被提出。该报告指出了高等教育未来的六大发展趋势，其中第六项就是学习分析技术在教育中的广泛应用。该报告预测，学习分析技术将在未来四到五年之内，成为教育数据分析的主流工具之一。

2.学习分析的定义

新媒体联盟将学习分析定义为：利用松散耦合的数据收集工具和分析技术，研究分析学习者学习参与、学习表现和学习过程的相关数据，进而对课程、教学和评价进行实时修正。

从学习分析的目的来看，学习分析旨在优化学习方法。相关研究者将学习分析定义为：为了理解和优化学习与学习发生的环境，对学习者及其所处情境的数据进行的测量、收集、分析与报告。该定义得到很多学者的认可并被广泛引用。也有很多学者从其他角度对学习分析的概念进行了界定。

有学者指出，学习分析是通过开发工具与技术实现对学习过程与学习结果数据的抓取、存储，基于大量数据发现模式，以生成性和可利用的形式呈现这些数据，并将数据与智能化工具整合，以实现学习环境的个性化与优化。

也有学者认为，学习分析是对学习者生成的、可提供行为参考的数据进行收集、分析、利用与传播，从而为学习者提供适当且有效的认知和管理支持。

另外一些学者认为，学习分析通过应用智能化数据、学习者数据与分析模型，实现对信息与社会性连接的发掘，并为学习提供预测与建议。还有一些学者认为，学习分析通过测量学生在网络学习系统中的行为数据，发现学生存在的问题，利用高效教学方式帮助学习者解决困难，改善学生的课程表现，并为学校管理者和政策制定者提供实践依据。

国内也有很多学者对学习分析进行了定义。例如，有学者指出，学习分析技术是采集与学习活动相关的学习者的数据，并运用多种方法和工具全面解读数据的技术，它能够记录、分析学习者的学习环境和学习轨迹，进而发现学习者的学习规律，预测学习结果，为学习者提供相应的学习策略指导，实现有效学习。

从学习分析受益者的角度出发，有学者提出学习分析能够服务于不同的数据群体，包括学生、教师、学习管理系统开发者和提供者，通过智能技术，采集、分析、应用用户生成的数据，预测学生在教育中的学习表现，以此来了解学生如何学习，推进学习管理系统的发展。

从学习分析的主要研究领域来看，有学者认为学习分析主要侧重于学习环境的适应领域的研究、监测与分析、评估与反馈和学生成绩的预测。从学习分析的学科性质来看，有学者指出目前的大学教育在开发学术潜力、探索和识别数据能力方面面临着诸多挑战，而学习分析是一个不断发展的学科，它可以促进教育数据分析，分析的结果有助于更好地理解学习过程，从而减少诸多问题。

根据以上分析可知，学习分析的工作对象是关于学习者与学习过程的数据，要实现的是对学习过程和学习环境的优化，采用的手段是开发特定工具与技术。学习分析是利用学习分析技术，对学习者学习活动的有关数据进行分析和建模，对学习者的学习结果进行评估，发现学习者在学习中存在的潜在问题，并对学习者的行为进行预测。学习分析的关注点在于学生的个体差异与需求，这与注重提供差异化及个性化教学的高等教育教学新理念相适应。学习分析将成为推动教育教学改革与发展的强大推动力。

3.学习分析的特征

（1）多样化的数据来源

学习分析的数据收集对象众多，包括学生、家长、教师、学校领导、技术提供者等。学习分析的数据收集平台众多，包括学习管理系统、学生档案系统、正式和非正式的在线学习空间等。海量的教育大数据为学习分析提供了巨大的发展空间，通过对数据源的标准化处理，将数据划分到不同的系统框架内，便于后期应用。

（2）完整的分析过程

完整的分析过程包括数据的收集、整合、分析、应用和调整优化。首先是数据的收集，数据包括学生使用电脑、手机等设备在各类学习系统和空间中产生的数据以及其他系统处理好的学生课程、考试成绩等数据。其次是整合数据，进行数据分析，根据分析结果预测学生未来的学习表现，方便教师和管理者及时对学习者进行干预。最后，根据应用结果及时调整优化数据，更好地发挥数据的作用。

（3）可视化的分析结果

学习分析的结果不仅是教师制定干预措施的重要依据，也是学生认识自我的重要依据。通过降低技术门槛，利用图文性的软件平台，可对结果进行多终端可视化呈现，类似终端包括电脑、手机、电视等。通过可视化呈现方式，教学人员可以对数据进行多维分析，学习者也可以直观地了解自己的学习情况。

（4）多样化的分析技术

支持学习分析的技术不是单一的，而是多领域、跨学科的多技术融合。学习分析借鉴了信息科学、统计学、心理学、机器学习等不同领域的成果，能借助不同分析技术的优势处理多种教学问题，利用数据为学习行为和学习过程提供合适的解释。目前，发展比较成熟的学习分析关键技术包括网络分析法、话语分析法和内容分析法等，研究者需要找准切入点并选择适当的研究方法和技术分析学习过程。

4.学习分析的模型

学习分析模型有助于相关研究者在学习分析研究与实践中更为系统、有效地设计研究方案，提升效率，可为学习分析系统平台与学习分析工具的设计、开发、应用与推广提供参考与指导。研究者构建的学习分析模型，主要包括过程模型与生命周期模型。

有国外研究者于 2010 年构建了学习分析的过程模型，该研究者认为，学习分析最终应体现在学习预测、干预、个性化与自适应等方面。其中，要实现学习的个性化与自适应，应结合技术、教育等因素从整体的角度进行多方面考虑。

有研究者建构了学习分析的生命周期模型。该模型将学习分析分为四个主要部分，即学习环境、大数据、分析、行动。学习分析始于学习环境，止于适当的干预行动，这是一个周期。上一个周期结束的同时是新的学习分析周期的开始。同时，学习分析的整个过程都会受到八种因素的制约，包括隐私、数据存取权限、透明性、政策、安全、准确性、限制条件、所有权等。

此外，不同学者还根据学习者的知识能力结构、情感态度、学习网络结构等要素，构建了多种学习分析模型。

（1）基于学习者的知识能力结构构建的学习分析模型

有研究者提出，可以基于学习者的知识结构进行学习分析，如有的研究者基于线索词匹配，构建学习者知识结构模型，开展学习分析；有的研究者通过分析学习者的知识结构对学习过程的影响，对学习进行诊断。此外，能力结构也是学习分析的依据，如有研究者以学习者的能力结构为基础，提出了学习分析的"分类器"理论，对学习者的学习活动数据进行分析，了解学习者的学习状态，并利用可视化工具呈现出来。

（2）基于学习者的情感态度构建的学习分析模型

有研究指出学习者的个人情感态度是学习分析的重要因素，并进行了一系列研究。例如，通过分析学习者的人格特点和能力数据，预测学习者在学习活动中可能出现的状态；将社会情感作为学习分析的自变量，发现其对学习质量的影响；基于学习者情感的分析，对学生在线学习拖延问题进行诊断与干预。也有研究表明，学习者在学习中的态度会成为学习分析的变量，如有研究者设计了利用微笑、心跳速率等指标来分析学习者的情感，预测其对学习者学习积极性和学习进度的影响。

（3）基于学习者的学习网络结构构建的学习分析模型

有研究者运用社会网络分析方法进行学习分析，比如有的研究者以社会网络分析方法，对学习过程的网络互动数据进行分析，为学习者推送个性化的学习资源和学习服务。此外，有研究者将学习者的社交网络纳入学习分析模型中，构建了面向计算机支持的协作学习分析模型，该模型将社交关系作为影响学习者学习的重要因素重点进行分析。

（二）教育数据挖掘

教育大数据为教育变革和创新带来了前所未有的机遇。大数据时代，多媒体技术的广泛使用，使得学习者在数字化学习过程中的各种状态数据得以保存。如何挖掘教育大数据背后的知识信息，为教学决策和学习提供支持，成为教育教学领域关注的重点。在教学实践中运用数据挖掘技术，能使教育工作者从教育数据中找出大量有价值的信息，并以此为指导，推动教育决策科学化，促进教育发展。

1.教育数据挖掘的定义

美国教育部发布的《通过教育数据挖掘和学习分析促进教与学》报告将教育数据挖掘定义为：综合运用数学统计、机器学习和数据挖掘的方法和技术，对教育大数据进行处理和分析，通过数据建模，发现和解释学习者的学习结果与学习内容、学习资源、教学行为等变量之间的相关关系，预测学习者的未来学习趋势。

教育数据挖掘的目标如下：第一，整合学习者知识、元认知、学习动机和态度等多维度的信息，用于构建学习者模型，并预测其未来的学习发展趋势；

第二，构建优化教学内容和教学顺序的数学模型；第三，研究不同教学软件提供教学支持的有效性；第四，构建学习者模型和教育软件教学策略模型，帮助学习者进行有效学习。

2.教育数据挖掘的过程

基于教育大数据的数据挖掘过程，主要是对学习者的学习结果、学习内容、学习资源与教学行为等教育原始数据进行挖掘，综合使用多种技术与方法，为学习者提供科学的学习建议，为教育者制定教育决策提供信息支撑。

3.教育数据挖掘的主要应用

教育数据挖掘的主要应用包括学生模型的改进、知识结构模型的改进、教学支持、学习系统构建等。

（1）学生模型的改进

学生模型包含与学生相关的所有信息，如学生的基本信息及家庭信息。利用教育数据挖掘技术对这些信息进行模拟，能够帮助研究人员更准确地实时模拟学生的在校表现，并采取相应的措施，进而提高学生的学习成绩。

（2）知识结构模型的改进

研究人员将心理学中的建模框架和机器学习中的空间搜索算法相结合，已经成功开发多种自动化方法，用于直接从教育数据中准确发现并提取其中隐含的主要结构模型。

（3）教学支持

当前，最流行的研究教学支持的方法是学习分解。学习分解是指通过对教育数据进行指数曲线拟合，进而将学生获得成功的时间节点和到那个时间点时学生应获得的各类教学支持的数量进行关联。在最佳拟合模型中，每类教学支持的相对权重可以用于推断每种支持类型的相对有效性。

（4）学习系统构建

研究人员通过寻找科学的证据来完善和拓展已有的教育理论，探究特殊的教育现象，加深对影响学生学习效果的各种因素的了解，以设计出更好的学习系统。

第二章　大数据背景下
高校教育管理初探

在信息化背景下，利用大数据等现代信息技术的优势推动高校教育管理工作创新，是实现高校教育管理现代化的重要举措。在高校教育管理中应用大数据技术，符合信息化社会的发展趋势，能够有效提高高校教育管理工作的质量。本章首先论述了大数据背景下高校教育管理的理论依据及管理目标，接着分析了大数据背景下我国高校教育管理现状及国外高校教育管理的先进经验，最后提出了大数据背景下我国高校教育管理的对策。

第一节　大数据背景下高校教育管理的
理论依据及管理目标

一、大数据背景下高校教育管理的理论依据

教育管理是管理者通过组织、协调教育队伍，充分发挥教育机构人力、财力、物力等的作用，利用教育机构内部的各种有利条件，高效率地实现教育管理目标的活动过程。高校教育管理是高校管理者根据一定的教育思想，通过一

定的管理手段，坚持遵循教育规律和管理规律的原则，对高校教育系统的各项工作进行计划、组织、指挥、协调、监督和指导，以期达到提高教育质量、促进学生全面发展等目标的管理工作。一般认为，现代高校教育管理的理论依据主要包括教育心理学、教育管理学、高等教育学、教育技术学等与教育学和管理学相关的理论。在大数据背景下，高校教育管理的理论依据还应当将电子政务理论纳入其中。

（一）教育学理论

教育学是一门独立的学科，是研究人类教育现象和解决教育问题、揭示一般教育规律，对教育活动过程中理论与实践经验进行归纳和总结，并为未来教育活动提供经验参考的有目的地培养社会人才的社会科学。教育学的研究对象是在教育价值观引导下形成的、客观存在的实际教育问题。教育问题普遍存在于人类社会生活中，具有一定的必然性、稳定性、重复性、现实性、辩证性及科学性。教育学的最终目的是通过对教育问题的研究，总结教育经验、归纳教育规律、形成新型教育价值观念，以科学的理论和观念服务于未来教育发展和创新型人才培养。

教育学涵盖的教育技术学、教育管理学、教育心理学、高等教育学等分支学科，都是高校进行教育管理的理论基础。例如，教育心理学中的行为主义、认知主义以及建构主义等理论，为构建教育管理新模式的理论假设提供了依据；教育技术学中的技术手段为教育管理提供了直接的实践方法；教育管理学是研究教育管理过程及其规律的科学，通过研究各级各类教育行政机关和各级各类学校管理工作的科学理论和行动规律，认识教育系统及其政策，能够提升教育管理者的认识水平以及管理能力；高等教育学是专门以高等教育运行形态和发展基本规律为研究对象的具有综合性、理论性和应用性的教育科学，立足新时期、新任务、新特点，探索高等教育和人才培养的基本规律，能够为新时期高校教育管理工作的发展提供理论支撑。

（二）管理学理论

人类从事各项社会活动，都需要一定的管理，于是管理学应运而生。管理学是研究一个集体的形成、壮大、衰亡与运作方式的科学。具体而言，管理学负责解决的是人、财、物的运作方式问题，目的是使人、财、物的配置达到合理预期。在方法上，管理学需要综合运用定量分析法与定性分析法。在管理学理论中，教育管理理论的形成和发展，对教育实践活动具有指导意义。

从古典管理理论到行为科学理论，再到现代管理理论。管理理论经历了三次重大飞跃，管理理论的每一次发展都对教育管理产生了不可忽视的影响。

1.古典管理理论

古典管理理论形成于 19 世纪末 20 世纪初，主要由泰勒（F. W. Taylor）的科学管理理论、法约尔（H. Fayol）的一般管理理论和韦伯（M. Weber）的行政组织理论构成。其中，泰勒的科学管理理论是最早的管理学理论，其以效率为核心思想，认为科学管理的中心问题就是提高生产率。科学管理理论对教育管理的影响主要表现在：教育效率观、教育标准化运动和教育测评运动的引入等。

2.行为科学理论

行为科学理论是管理学的一个重要分支，主要包括梅奥（G. E. Mayo）的霍桑实验、马斯洛（A. H. Maslow）的需要层次理论、赫茨伯格（F. Herzberg）的双因素理论等。行为科学理论对教育管理的影响主要表现在：为教育管理提供多维度的研究视野；强调教育管理的实证方法研究；提出在教育管理研究中将学校看作一个开放的系统，使人们对学校和外部环境的关系有了进一步的认识。

3.现代管理理论

第二次世界大战后，科技的发展给管理学带来了新的挑战，也为其提供了新的思想和方法，在此背景下，现代管理理论应运而生。现代管理理论流派主要包括以巴纳德（C. I. Barnard）为代表的社会系统学派、以西蒙（H. A. Simon）为代表的决策理论学派、以德鲁克（P. F. Drucker）为代表的经验主义学派等。

（三）电子政务理论

电子政务指高效、开放的政府借助计算机技术、现代通信技术等高新技术在安全可靠的网络平台上行使管理职能，开展政务活动。当前，电子政务已成为促进经济社会发展的重要手段。

教育电子政务是电子政务在教育领域推广和应用的产物，作为教育信息化建设的重要组成部分，加强电子政务在教育领域（如教育行政部门和学校相关部门）的应用，对于实现教育管理现代化具有重要作用。发展教育电子政务不仅是现阶段教育行政部门和学校转变管理职能以适应现代化建设的必然选择，也是现代信息化社会发展的内在要求，对于提高教育行政管理部门和学校职能部门的工作效率和质量、建立健全教育管理体制意义深远。

我国教育电子政务是随着教育信息化建设的深入和政务信息公开要求的提出而产生并不断发展的。教育部自 2001 年起开始规划和建设教育电子政务应用体系框架，并以高等教育管理为突破口，开辟了我国教育电子政务实际应用的新赛道。2004 年，教育部办公厅发布《教育电子政务试点工程建设实施办法（试行）》，标志着我国教育电子政务建设正式开始。高校的电子政务建设在这个大背景下应运而生。电子政务的相关理论对高校教育管理研究具有重要的指导意义。

二、大数据背景下高校教育管理目标

（一）突出教育管理信息化地位

在大数据背景下，教育管理信息化在高校教育管理各项工作中占有重要地位，是高校教育管理建设的目标之一。

突出教育管理信息化的地位，要求高校管理层在教育管理信息化建设中能够有意识地将信息化作为提高教育管理水平和人才培养质量的重要工作来抓。这一方面表现在教育管理的相关政策、组织机构、配套管理制度等软环境上，要能够满足教育管理信息化建设的需要；另一方面表现在教育管理工作中投入的财力、人力等物质保障条件上，要能够达到教育管理信息化建设的要求。

（二）优化教育管理信息系统运行效果

在大数据背景下，教育管理信息系统是教育管理信息化建设方案的核心，其运行效果是评估教育管理信息化建设成果的主要标准。优良的教育管理信息系统应该具备以下特点：

第一，从软件自身方面来讲，该系统技术实施方案先进，功能比较完善，用户界面友好，便于学习和使用，同时能够较好地适应学校的实际教育管理过程，方便处理学校教育管理工作中的各项事务；软件智能化程度高，能有效降低教职工在处理教学事务时的工作强度，使用效率高。

第二，从组织机构方面来看，学校的信息化组织架构完善，级别层次高，校领导担任信息化组织机构负责人，并设有专门办事机构。形成了长效机制，能对教育管理信息化建设进行长期规划和指导，能为教育管理信息系统在学校教育管理各项工作中的广泛应用提供强有力的支持。

第三，从配套制度方面来看，学校教育管理信息化建设的相关配套制度比较完善，为规范、透明、公正地实施制度奠定了基础。完善的教育管理信息化相关配套制度既可以保证教育管理信息系统得到正确使用，保证相关数据真实有效，又可以保证教育管理服务的各种办事流程符合规章制度，便于相关教育管理服务信息的对外发布，便于接受公众监督，保证教育管理信息系统长期使用的规范性和透明性。

（三）引导教职工适应信息化工作环境

广大教职工是教育管理信息化建设的主体和最终受益者，他们能很好地适应信息化工作环境，也是高校教育管理建设取得良好成效的重要体现。在大数据背景下，教职工应具备的运用信息技术的能力包括：一是能够熟练使用大数据等现代信息技术从事教学活动，熟练地运用教育管理信息系统处理各项教育管理服务事务、教学事务等；二是具备良好的信息素养，具有主动使用现代信息技术从事教学和处理教育管理服务事务的意识，并愿意接受高效、便利的教育管理信息系统。

在大数据背景下，高层次的教育管理信息化建设不仅要解决教育管理中的各种问题，降低教职工从事教学工作的劳动强度，还应满足广大师生的各种信息化需求，帮助教师提升教学能力，促进学生成长成才。

第二节　大数据背景下我国高校教育管理现状及国外高校先进经验

在大数据背景下，我国高校在教育管理方面相继进行教学信息化建设、学生管理信息化建设，推动教学管理和学生管理向高效、科学和规范的方向发展，为新时期提高高校人才培养质量提供保障。本节主要梳理大数据背景下我国高校教育管理现状，同时介绍国外高校教育管理的先进经验，以供参考。

一、大数据背景下我国高校教育管理现状

（一）高等教育大众化促使高校职能发生变化

高等教育的大众化使得各高校需要对培养目标及教育管理规划等进行一

定程度的调整。近年来，各大高校纷纷扩招，高校的办学规模不断扩大，高等教育逐步走向大众化，与此同时，高校的职能也在一定程度上发生了变化。高校不再只是履行行政职能的场所，与学生的关系也不再只是简单的单向管理与被管理的关系，如今高校职能更多表现为提供知识教育及技能培训，与学生之间的关系也变成了更为复杂的双向关系。

（二）高校教育管理的行政化问题严重

多数高校的教育管理办法依旧是典型的行政化手段，这种管理方式自身就存在着很严重的问题。管理的行政化把教育管理定位在管理的层面上，从而忽略了对学生的服务，从而将高校教育管理束缚在行政化的手段之下，严重制约了高校教育管理的健康发展，这将导致我国高校教育管理改革难以取得突破性进展。

（三）部分高校侧重科研，忽视教学

由于国家在评估高校的工作时要求有一定数量的科研成果，导致部分高校逐步开始侧重科研发展，忽视基础教学，无暇关注教学计划的制订与教学质量的提高。虽然科研成果对高校教育管理有着很大的推动作用，但是过分重视科研，忽视教学，偏离了我国高等教育培养高素质人才的目标，也严重阻碍了基础教学质量的提高。

二、国外高校教育管理的先进经验

在大数据背景下，以计算机和互联网为代表的现代信息技术，在西方发达国家众多行业的应用达到了很高的水平，所以这些国家的高校对现代信息技术的应用和研究起步较早。长期以来，西方发达国家的高校致力于探索教

育信息化建设，并取得了较高水平的成果和大量的成功经验。研究国外高校利用大数据进行教育管理的先进经验，对推动我国高校的教育管理建设具有重要的意义。

（一）重视高校教育信息化理论研究

"教育信息化"最早见于 1993 年美国政府发布的《国家信息基础设施行动动议》，之后，在信息通信技术快速发展和广泛应用的过程中，教育信息化逐渐成为美国教育改革的基本方向和突破点。时至今日，在信息技术的影响下，教育信息化已经成为美国教育改革的重点。

日本在早期也非常重视教育信息化的理论研究。从 1992 年到 2002 年，日本文部省 5 次出台教育信息化实施计划，使得日本大中小学校的信息技术与教育整合进程大大加快。2001 年后，日本各大学纷纷制定教学信息化战略；到 2010 年，日本大部分大学都制定了教学信息化战略，标志着日本高校教育信息化理论研究和教育信息化建设进入一个飞速发展的时期。

（二）重视高校教学信息资源建设

资源建设是大数据背景下高校教育管理建设过程中的基础建设，是一切信息化教育活动开展的前提和基础。

美国高校教学信息资源建设主要集中在两个方面：一是供教师在教学过程中使用的各种信息技术工具和手段；二是供学生使用的在线教学系统。

欧洲信息化教育强调基础资源配置，为了保证信息化资源均等，欧洲诸国政府做出了巨大努力，也取得了巨大成就。目前，欧洲已经建立起完善的信息化资源共享平台，学生通过校园网注册进入系统，便可以快捷地获取教学资源。

日本各高校也非常重视教学信息资源建设，把丰富的教学信息资源作为吸引优秀学生报考的重要内容。日本各高校教学信息资源的呈现方式丰富多样：灵活的计算机辅助教学授课系统、便捷的电子化教学提纲、基于互联网和智能手机的快捷的学业信息提供系统等。

（三）加强高校信息化组织建设

在高校信息化组织建设过程中，美国首先设立了首席信息官（CIO），其主要负责学校管理和学校组织工作，使高校信息化建设有了正规的组织保障，从而推动信息化建设更好、更快地发展。通常情况下，美国高校中的CIO一般由副校长级别的领导担任。CIO的主要作用在于处理学校日常工作，针对整个学校的信息技术发展情况制定长远的发展规划，并负责监督方案的执行情况，为管理政策的制定提供指导。

（四）加强高校信息化制度建设

信息化相关制度的制定，也是美国高校信息化建设的一个重要组成部分。美国大部分高校都将信息化相应配套政策的制定，作为学校教学信息化建设的重点。

日本高校将信息伦理道德教育融入教学信息化制度建设中。随着信息技术在日本高校教学信息化建设中的广泛应用，日本各高校充分认识到了信息伦理道德教育对于规范教学信息化建设的重要性。

（五）重视高校师生信息技术技能培训

实施教学信息化，离不开对教职工和学生进行信息技术技能培训。美国各级、各类高校普遍开展针对教师和管理人员的计算机技能培训。

新加坡的高校针对教师和管理人员提供各种免费的信息技术技能培训，信息中心每隔一段时间就会在校园网上公布有关信息技术技能和不同软件使用的培训资讯，教职工通过上网注册，可以参加学习相应技能的活动。新加坡高校还通过各种途径鼓励教职工参加信息技术技能培训。因此，新加坡高校教师普遍具有较高的信息技术应用水平，从而保证教职工具有参与教学信息化建设的能力。

第三节　大数据背景下
我国高校教育管理思路

一、优化高校教育管理信息化支撑环境

简单来说，优化高校教育管理信息化支撑环境是指合理利用一切有利于高校教育管理信息化发展的环境因素，为高校教育活动的开展提供全面的技术支撑与服务。

（一）高校教育管理信息化支撑环境的主要类型

1.硬件环境

高校教育管理信息化支撑硬件环境主要指基础设施建设，具体是指校园网、信息化教学环境等方面的建设，是高校教育管理信息化建设顺利进行的物质基础与前提。

（1）校园网

校园网是建立在高校内部，为高校师生提供信息交流、资源共享、教学管理等服务的网络信息系统，是实现教育管理信息化的有效载体。校园网在改变传统的教学模式、教学方法与教学手段的同时，也改变了传统的教育观念、教学思想。

对学生而言，校园网拥有丰富的学习资源、便利的学习平台，能够提供一

个开放、高效、交互式的信息化学习环境。任何学生在任何时间、地点，均可利用校园网获取需要的信息与资源，自主建构新的知识体系。这个过程不仅提高了学生收集、甄别、分析信息的能力，还提升了他们的信息素养。

对教师而言，教师可以利用校园网上优质的教学资源，选出满足学生需求、有利于学生个性发展的教学内容，从而优化教学效果，提升教学质量。教师还可以利用校园网与学生进行学习沟通与反馈，及时且高效地捕捉学生的学习动态，帮助学生提高学习效率。

对高校而言，校园网提供了便捷的管理服务。例如，基于互联网、大数据等技术的成绩管理、学籍管理、图书管理等服务。校园网的建设拉近了全球各高校之间的距离，实现了跨区域的资源共享与合作，节省了教育成本，成为硬件环境的核心建设内容之一。

（2）信息化教学环境

信息化教学环境泛指一切与高校教学活动相关的信息化场所。一方面，信息化教学环境能为教师提供便利、高效的授课方式，优化教学质量与教学过程；另一方面，信息化教学环境能为学生营造良好的信息化学习氛围。信息化教学环境主要包括多媒体教室、微格教室、虚拟实验室等。

形成信息化教学环境，需要安装信息化教学设备。信息化教学设备是高校教育管理信息化建设有效开展的物质基础，一所高校拥有的信息化教学设备的种类与数量在一定程度上代表了这所高校的硬件设施水平。信息化教学设备主要包括计算机、电子白板、录像机等，具备完善的信息化教学设备，能使教师高效地开展教学工作。

2.软件环境

软件环境包括各种数字化教学资源、远程教育平台与教学管理系统，是高校教育管理信息化建设的核心内容。

（1）数字化教学资源

数字化教学资源是指经过数字化处理，可以在多媒体计算机及网络环境下呈现的多媒体教学材料。与传统的教学资源相比，数字化教学资源具有处理技术数字化、处理方式多媒体化、信息传输网络化等特点。

对数字化教学资源的有效利用，是每一位教育工作者应具备的基本能力，也是每一位教师信息素养的集中体现。学生可以利用数字化教学资源进行自主学习，以提升自身的专业能力与信息素养。加强数字化教学资源管理的最终目的是优化教学，促进师生共同发展。

（2）远程教育平台

网络技术的普及使得远程教育平台的应用成为现实，相关互联网软件的研发为网络教育的发展提供了动力。远程教育平台拥有数目庞大、种类众多的教学资源，教师可以根据实际情况，利用这些教学资源，确定相应的教学目标与计划；利用网络教学素材、网络教学工具进行课件制作与编辑，在远程教育平台上发布课程；也可以在该平台与学生进行信息交流与互动；该平台还为教师提供便捷的在线组卷、教学评估、课程管理等服务，教师能够自由制订授课计划、设计授课内容、把握授课进度，极大地增强了教师工作的灵活性。

学生可以在明确自身需求的条件下，在任意时间与地点，登录远程教育平台，开展网络课程的学习活动，合理利用平台的优秀资源，制订符合自身需求的最优学习计划；该平台还为学生提供在线答疑、作业提交、在线测评等服务，全面支持学生学习活动的每一个环节，这不仅能提高学生的专业能力与信息素养，也能提高学生的自主探究能力。

（3）教学管理系统

教学管理系统是面向教师、学生和管理者，结合教学实际需要构建的教学管理和综合服务支撑平台。管理者可以利用该系统进行学籍管理、师生档案管理、教室管理等；教师可以利用该系统发布最新的教学计划、查看学生档案；学生可以利用该系统及时获取最新的教学信息、进行网上选课、查看考试安排及成绩等。

在整个教学管理流程中，管理者、教师、学生共同使用教学管理系统。该系统可以实现三者之间的有效沟通，将不同种类的业务整合起来，可以实现教学管理的信息化、智能化、无纸化等，提高教学管理效率。

3.潜在环境

潜在环境包括信息化教学人员与保障体系两个方面，涉及信息化教学人员、组织与机构、政策与制度、信息化培训、网络与信息安全、经费投入等。

（1）信息化教学人员

随着信息技术的普及，信息素养已经成为评价一个人综合实力的核心指标之一。开展信息化教学，培养高素质的信息化教学人才，已经成为教育改革的必然趋势。因此，高校要建设一支优质且具备良好信息化技术能力的师资队伍。

在信息化教学过程中，教师起主导作用，是实现教学信息化的关键。高校教师的教育理念、对信息技术的态度、教育技术能力等，都将对学生信息素养的养成产生影响。

在信息化教学环境中，教师应具备良好的教育技术能力。教育技术能力包括现代教育理念、信息素养以及教育技术应用研究能力，其中信息素养是核心。学生是接受信息化教学的主体，其信息素养能力将直接影响自身的发展，因此培养学生的信息素养十分必要。学生的信息素养主要指学生利用信息技术进行学习的能力。学生唯有具备良好的信息素养，才能高效地检索、甄别、分析、处理、应用资源。教师利用信息技术开展学习活动的过程，也有利于培养学生的探究意识、发散性思维以及创新精神。

（2）组织与机构

高校教育管理信息化的有序开展，需要以完善的组织与机构为基础。组织与机构要建立完善、合理的管理体制，保证信息化教学活动的顺利开展。

（3）政策与制度

高校教育管理信息化建设需要符合实际需求的政策与制度作保障，既需要国家宏观调控，进行积极引导，又需要高校提高自身重视程度，积极响应；制定切合实际的政策与制度，有利于教育基础设施建设的稳步推进，让高校教育管理信息化建设有法可依、有章可循。

（4）信息化培训

素质教育的不断发展、信息化网络时代的到来，都对教师的教学能力提出了更高的要求。为了切实提高教师的教学能力，学校要定期对教师进行信息化培训，全方位提升教师运用现代信息技术的能力，从而提高教师的教学质量，帮助学生更好地学习和成长。

（5）网络与信息安全

校园网在高校的教学、科研、管理、信息交流等方面扮演着重要的角色，其信息安全状况将直接影响教学活动的开展以及高校教育管理信息化建设的进程。基于网络的开放性，每个人都可以使用计算机连接网络，各种网络与信息安全问题随之产生。影响高校网络与信息安全的因素既包括外部的自然环境因素，也包括内部的因素（如网络自身的弱点），以及来自外部的人为攻击等。为了构建安全的高校网络系统，营造安全的信息环境，高校必须建立行之有效的信息安全保障体系。

（6）经费投入

经费是高校教育管理信息化建设的必要因素之一。由于高校教育管理信息化建设涉及诸多方面，需要耗费巨大的人力、物力、财力。因此，只有加大资金投入，才能使高校教育管理信息化建设落到实处。

（二）高校教育管理信息化支撑环境的优化策略

1.硬件环境的优化策略

（1）成立相关机构，统一采购、维护、监管信息化设备

为保证信息化基础设施的有效建设，高校应成立相关机构，严格监管信息化设备的采购、使用、维护及管理流程。当高校有购买信息化设备的需求时，可向该机构提交申请；机构核查落实后，根据该校的实际教学需求与经费条件进行筛选；审批通过后进行统一采购。统一规划、统一采购使高校教育管理信

息化建设更具条理性和规划性，能避免设备重复购入、设备使用率低下、资金浪费等问题。统一规划与采购，也可以降低信息化建设成本，从而将有限的资金投入到最迫切、最具效益的项目上。

机构还应该设置专业的维修部门，对信息化设备的使用情况进行监管，以确保设备的使用效果，延长设备的使用寿命。在信息化设备出现问题时，设备使用者可向相关维修部门报修，由维修部门派出专业维修人员对设备进行维护，加快维修响应速度。相关维修部门也应对设备进行定期检查与保养，以防止发生故障，延长设备的使用寿命。高校还应针对信息化设备的使用、维护、监管等环节，建立科学的评价与反馈机制等，以提高高校信息化基础设施的建设水平。

（2）建设多媒体教室的远程监控系统

我国很多高校虽然已经建成相当数量的多媒体教室，但是由于教室数量庞大且位置分散，难以进行集中管理与监控，导致维修响应速度低下、维护困难等问题。因此，高校应该建设多媒体教室的远程监管系统，实现对多媒体教室的实时监管，更好地发挥多媒体教室在远程听课、教学录制等方面的作用。

2.软件环境的优化策略

（1）搭建统一应用平台，提高资源共享程度

高校内部各个院系、部门之间都建有应用平台，由于平台的建设时间、搭建技术、数字格式、模块接口、应用环境等不统一，难以实现信息流通与资源共享。因此，必须搭建统一的应用平台，在提高资源利用率的同时，扩大资源共享的范围。高校应以需求为导向，搭建统一的资源应用平台，通过网络将优质的数字化教学资源上传到资源中心数据库，按照"院系—专业—课程"的体系进行统一管理，以深化资源的共享程度。

此外，资源共享不应该局限于高校内部，而是应该扩大到各大高校之间、高校与企业之间、国内高校与国际高校之间，按照多方合作、优势互补、互利共赢的原则，建立统一的教学资源中心，实现教学资源的"共知、共建、共享"。

（2）统一规范与标准，整合数字化教学资源

高校应建立统一的规范与标准，将数字化教学资源整合并集中管理，从而提高资源利用效率。按照统一标准与规范整合数字化教学资源，有利于开发者、用户之间的交流，从而实现跨平台的数据共享。高校应制定统一的数字化教学资源建设规范与标准，定期组织教师、技术人员进行学习，以增强资源制作的规范性、实用性与共享性；应构建统一的数字化教学资源库，将分散、孤立的教学资源集中起来进行统一管理，以满足多方面的教学需求。

（3）教师与技术人员共同协作，提高教学资源质量

高校教师应与专业技术人员共同协作，组成课程建设团队，共同设计、研发高质量的数字化教学资源。课程建设团队需要明确目标、统筹规划、科学分工。各专业教师拥有丰富的教学经验，熟悉教学重难点，了解学生在学习过程中可能遇到的问题，可以负责教学内容、教学过程等方面的设计。技术人员则凭借专业能力，负责数字化教学资源的收集和整理，即通过信息技术进行课程设计。

课程建设团队在自主研发数字化教学资源时，应注重针对性和实用性，要根据具体的教学内容、学习者的特点等，确定数字化资源的呈现方式，然后进行教学资源设计、开发，在反复修改、调整后，将最终的教学资源发布到相应的网络教学平台上。课程建设团队还可以利用网络收集与教学内容密切相关的各类优质资源，在尊重他人知识产权的基础上，根据教学实际，对资源进行修改、加工，实现数字化教学资源的本土化。

课程建设团队要注重信息技术与各个专业之间的深度融合，开发出具有实用性、针对性、多样性与交互性，并且能够反映教学目标、教学重难点的优质教学资源。课程建设团队要及时更新教学资源，时刻关注相关领域的最新动态，做到与时俱进。

3.潜在环境的优化策略

（1）健全信息化专业人才引进、培养机制

高校只有维持相当大的信息化专业人才数量，才能为教育管理信息化建设的开展提供保障，才能保证信息化教学的有序实施。高校在大量聘请专业能力强、综合能力强的信息化专业人才的同时，应该不断完善人才引进与培养机制；建立科学的信息化专业人才培训管理制度与培训机制，不断扩大考核对象规模，阶段性、有计划地推动专业人才的引进与培养。

（2）营造良好的信息化校园氛围，增强师生信息化意识

高校要努力营造良好的信息化校园氛围，增强学生利用信息技术开展学习活动的意识，推进教育管理信息化进程。高校可以面向学生开展与信息化学习相关的各类学术讲座、报告会等，在校园内张贴相关宣传海报；针对教师开展涉及信息技术与课程整合的讲课比赛、课件制作大赛等活动；营造良好的校园氛围，在潜移默化中培养全校师生的信息化学习意识，提高师生的信息技术水平。

（3）积极利用网络教学平台，创新信息化培训内容与形式

培训内容应该满足教学与科研需要，注重将理论知识应用于教学实践，以提高教学效果为目的。相关人员要根据各专业教师的学习意愿、各专业的特殊性，选择不同的培训内容，注重培训内容的实用性与针对性；以问题为导向开展培训活动，将培训过程视为教师查漏补缺的过程。教师应按照"查找不足—分析原因—设计方案—学习行动—检查评估"的流程，借助培训不断提高自身的教学能力。创新信息化培训内容与形式，这有利于提升教师在信息化教学中的参与度，调动教师的积极性。

（4）建立健全的评价、激励机制，充分调动教师的积极性

高校应采取灵活多样的评价方式，根据高校的实际需求，建立与教育管理信息化建设相匹配的、全新的教学评价体系。高校可通过信息化教学能力与个人教学评估相挂钩、信息化教学质量与院系评优相挂钩、信息化教学能

力与职称评聘相挂钩等方式，调动教师的积极性。高校还可以通过制定多种形式的激励机制，激发教师与学生参与信息化教学活动的热情；结合教师与学生的心理需求，采取物质激励与精神激励相结合的方式，但要注意激励的适度性与及时性。

（5）加强对全校师生的信息安全教育与技能培训

加强信息安全教育与技能培训，有助于培养全校师生的信息安全意识。一方面，高校应定期组织、开展信息安全法律法规学习活动，普及信息安全知识，增强师生的信息安全意识；另一方面，高校可以定期邀请专业人员为全校师生开展信息安全技术培训，由专业人员教授给师生基本的安全保障技能。

（6）优化资金结构，合理规划经费用途

高校在投入大量经费进行信息化建设的同时，应该优化资金结构，合理规划经费用途。高校管理者在进行决策时，应根据高校的实际情况，合理分配资金，做到建设与应用两手抓：一方面，逐步完善基础设施建设，进一步优化信息化教学环境；另一方面，增加教学应用相关投资，优化教学资源，建设相关平台，完善培训内容与制度。高校还可以通过多种方式筹集资金，比如利用校内物力、人力资源接洽校外业务，积极创收等，从而增加高校教育管理信息化建设经费。

二、提高高校教师信息化教学能力

教师是课堂内容的传达者，是课堂节奏的把控者，是帮助学生构建精神世界的灵魂工程师。提高教师的信息化教学能力，不仅可以提升教师的核心竞争力，还可以提升学校的品牌知名度。高校教育管理信息化建设是为了适应现代化教育趋势而做出的重要调整，需要经历一个从无到有、最终实现体制化的过程。就现阶段而言，高校教师对信息化教学正处于从被动接受到主动学习的过渡期。

（一）完善高校信息化教学机制

高校教师信息化教学能力的全面提高，与高校信息化教学机制的完善程度密切相关。若要提高教师的信息化教学能力，高校需要做好信息化教学分享、培训等工作，并建立健全信息化教学考核机制。

1.信息化教学分享机制

信息化教学是借助信息技术解决教学问题，并实现信息技术与教学技术有机结合的综合过程。信息化教学能力是在这个过程中形成的一种复杂的综合性能力。

不同专业、不同资历的教师之间的经验交流和分享是高校信息化建设的重要内容。教师之间的互动，不仅可以让教师发现信息化教学中存在的问题，找到解决相关问题的不同方案，还可以激发教师在信息化教学中的创新精神，提高教学水平。此外，经验交流与分享的过程可以强化教师头脑中对于教学目标和教学方法的认识，提高教师的科研能力，通过改进教学方法、调整教学模式等方式，提高教师信息化教学能力及课堂教学水平。

2.信息化教学培训机制

高校教师信息化教学能力培训，主要分为岗前信息化教学培训、校本信息化教学培训和校外信息化教学培训。岗前信息化教学培训和校本信息化教学培训是主要方面，一般由高校免费为教师提供；校外信息化教学培训为辅助，通常是由营利机构有偿组织教学培训。从效果上看，高校教师信息化教学能力培训时间自由、成本可控、效果显著，得到了广大高校教师的广泛认可。

当前，高校在聘用教师方面普遍存在重科研能力、轻信息化教学能力的问题，在这种聘用环境下，岗前信息化教学培训和系统的校本信息化教学培训，是提升教师信息化教学能力的主要途径。所谓岗前信息化教学培训，是在教师正式受聘上岗之前进行的信息化教学培训，是教师接触、理解和有效运用信息化教学手段的起始阶段，对新入职的教师进行岗前培训，可以让教师更好、更快地适应信息化教学模式；系统的校本信息化教学培训则是以全体教师为对象，针对信息化教学模式与信息化教学技能进行培训，促使教师将教学目光转向信息化教学，以提高教师自身的信息化教学能力和教学实践能力。

3.信息化教学考核和激励机制

现阶段，信息化教学能力考核尚未纳入教师教学评价考核体系，但信息化程度已经成为衡量高校综合竞争力的重要标准之一。因此，信息化教学考核机制的建立，不仅是建设高校品牌的重要内容，也会对高校教师教学能力的整体提高有促进作用。具体来说，加强高校信息化教学考核，可以从以下两方面着手：第一，针对提升信息化教学水平和能力的培训，设置阶段性或一次性考核。第二，针对教师的常规考核，将信息化教学能力作为教师评级或履职的考核标准之一。

除考核机制外，激励机制同样可以在提升教师的信息化教学能力方面发挥重要作用。所谓激励机制，本质是教师之间的良性竞争，通过这种良性竞争，推动教师不断提升信息化教学能力。

（二）建立健全高校信息化教学管理体制

信息化教学的目的是让知识在人与人之间得到有效传播，传播载体主要是信息化设备。信息化教学管理体制是实现信息化教学的重要保障，可以有效提升对人才、软硬件设施、信息资源的利用率，而建立健全信息化教学管理体制是高校教育管理者首先要解决的问题。

1.软硬件设施管理体制

完备的基础设施不仅是信息化教学的有效保障，更决定了信息化教学的发展水平。相关人员在进行软件及硬件设施采购时，要综合考量现有设备的种类和结构，理智分析，制订科学合理的采购计划。同时，在软件及硬件设施的管理上，要建立完善的后期维护机制、淘汰机制、日常管理机制等，这些机制既要符合教师使用需求，又要起到延长设施使用寿命的作用。

2.信息化教学资源管理体制

信息化教学资源是指在信息技术环境下的各种数字化素材、教学材料以及各种认知、情感和交流工具，其主要来源有三种：一是教师亲手制作，二是高校通过各种渠道购买、收集，三是技术工作者加工他人的教学资源。信息化教学资源是信息化教学的基础，优化信息化教学资源结构，健全信息化教学资源管理体制，有利于加快教育管理信息化的进程。

提升高校教师对信息化教学资源的管理能力，对于提升高校的核心竞争力是十分必要的。尤其是在现阶段，在高校教师花费大量时间和精力用于获取新的信息技术，并将其运用于课件设计和教学模式调整的大背景下，高校组建一支高素质、专业化的人才队伍负责开发和管理信息化教学资源是十分必要的。这是因为不同的教师在理解能力、开发能力等方面存在明显差异，不同专业的教师在信息化教学资源开发过程中也会受到专业限制，严重影响信息化教学资源开发的可持续性。

3.信息化教学人才管理体制

教育管理信息化的本质是教师的"教"与学生的"学"。因此，高校推动信息化教学的工作重点应放在信息化人才培养体系的建立与完善上，可从内、外两个角度进行尝试。

对内，要定期对教师掌握和运用专业信息技术的情况进行评估。对外，要引进大量信息化教学专业人才，并根据实际情况对教师进行信息化教学能力分层培训，充分开发不同教师的信息化教学潜能，使信息化教学管理标准化、流程化。

（三）构建有针对性的信息化教学培训体系

为了增强信息化教学培训效果，满足教师更多潜在需求，高校可借鉴营销学的市场细分理论，进一步完善培训体系。下面将从培训对象、培训需求、培训层次三个方面探索培训体系的构建：

1.培训对象

信息化教学的培训对象是高校教师。教师群体本身由于专业、职称、教龄的不同，具有显著的差异性。为了让培训更有针对性，建议将教师按类型和标准分成不同的培训小组，展开具体培训。

第一，根据专业分类培训。信息化教学培训中，同一专业教师的需求具有一致性，因此可以作为最主要的划分标准。

第二，根据职称分类培训。不同专业的教师之间，处于同一职称的教师也存在共性需求。因此，可以作为第二个分类标准。根据职称分类培训也有利于教师进行跨专业交流学习。

第三，根据教龄分类培训。教龄相当的教师在教育心态、教育成熟度、教育关注度上具有相似性，因此可以根据教龄整合培训需求，促进教师交流。

在进行不同的分类培训时，还可以进行交叉培训，形成开放的信息化教学培训体系。

2.培训需求

教师的信息化教学培训具有很强的现实性，即培训立足于教师教学实际中遇到的问题。在实际教学过程中，信息化教学问题具有具体性和复杂性，不能一概而论，需要抽象把握。因此，需要在培训前科学地收集、调查培训对象的实际需求并进行系统分析，据此选择培训内容，从而分层次、系统化地开展信息化教学培训。

3.培训层次

就技术操作难度而言，可将信息化教学培训分为以下几个阶段：

第一阶段，使教师对学校的信息化系统和设备有初步了解，形成信息化教学的初步概念。

第二阶段，使教师在初步了解的基础上，了解常规信息化设备的基本功能并进行操作。例如，在课堂上进行幻灯片的播放和展示。

第三阶段，使教师对信息化教学的相关设备和知识有较为系统的了解，能够完成基本操作，实现从传统教学到信息化教学的转化。

第四阶段，使教师掌握关于信息化设备的系统性理论知识，在熟练操作的基础上掌握主动权，实现对信息化教学设备的二次开发和升级创新。

上述四个阶段基本包括了目前我国教师在信息化教学过程中的不同水平以及相应的需求，可以此为基础区分培训层次。

三、深化高校课堂教学改革

在开展教学活动的过程中，课堂是最主要的活动场所，80%以上的教学任务都是以课堂教学的形式完成的。随着信息技术的发展和教育改革的深入，教育工作者应对传统教学模式中存在的问题进行集中反思。目前，教育领域的一个重要的问题是如何利用信息技术促进课堂教学改革，打破课堂教学的时空局限性，整合线上、线下的教育资源，营造开放、民主的现代化教学环境。同时，在课堂教学改革的顶层设计中，还可以利用数字化教育资源，借助远程教育网络搭建网上教育资源共享平台等。

（一）优化整合数字化教育资源

在信息化时代，数字化教育资源的整合和利用程度是衡量学校的教育改革是否能顺利推进的一个重要标准。尤其是在大数据背景下，教育资源更为丰富，市场上各种类型的数字化教育商品也逐渐被开发出来。学校教育不能滞后于社会发展，而是应该反过来对数字化教育资源起到引导和规范作用。

第一，在顶层设计中纳入对数字化教育资源的合理规划。我国现阶段数字化教育资源的发展主要以市场为导向，具有一定的盲目性和无序性。相关教育部门和高校需要在教育改革的顶层设计中加强对数字化教育资源的自上而下的引导和规范。一方面，对现有的数字化教育资源进行有效的监督和管理；另一方面，以高校为主要场所，为数字化教育资源的丰富和发展营造良好的环境。

第二，对数字化教育资源进行合理整合。面对现有的数字化教育资源的盲目发展状态，相关部门和高校应该对数字化教育资源进行合理整合。例如，按照专业、年级等标准，建立一个分类体系，形成数字化教育资源分类系统，便于有关部门根据我国相关标准和规范对该系统进行监督和管理。

第三，为数字化教育资源的发展营造广阔空间。教育资源的数字化，从长远发展的角度来看，利国利民，意义重大。数字化教育资源可以打破时间和空间的限制，促进教育资源的长久保存。因此，应该整合国家、社会和高校资源，为数字化教育资源的发展营造广阔空间。一方面，高校需要开展硬件和软件设备的建设工作，搭建数字化网络平台；另一方面，教育部门应与高校合作，打破壁垒，实现数字化教育资源的共建共享，由此吸引更多的资源进入网络平台，实现数字化教育资源的更新。

第四，完善数字化教育资源共享的激励机制。高校可建立常规化的激励机制，对数字化教育资源共享行为进行激励。一方面，对上传、分享数字化教育资源的行为进行激励；另一方面，对利用数字化教育资源开展教学工作的教师进行激励。由此实现数字化教育资源的自由流动，促进教育资源的整合和发展。

（二）构建深度融合的教学模式

随着现代信息技术的发展，教学模式呈现出从传统向现代转型的趋势。深化高校课堂教学改革，需要对线下教育资源和线上教育资源进行整合，构建深度融合的教学模式，具体包括以下三点：

1.课前备课阶段

传统的课前预习可以概括为教师备课，学生预习。在这个阶段，教师依据自身对学生的了解和个人经验进行备课。但是，在信息化时代，传统的备课方式已不能满足高校课堂教学的需求，教师在备课方式上需要另辟蹊径，在此背景下，协同式网络备课应运而生。

协同式网络备课指通过协同效应，以整体和个体间有机协作的方式将隐性的教学资源开发出来，从而使教学效果得到非线性延长。这种备课方式集众人智慧，采众家之长，充分展示了集体备课的价值，使后续的课堂教学富有创新性，能达到"1＋1＞2"的效果。一般而言，协同式网络备课包括以下六个方面的内容：

第一，准备课前预习资料，除传统教学内容外，还包括教师自制的远程教育课程内容。

第二，通过信息平台共享备课内容。

第三，通过远程平台监督学生的预习进度。

第四，在线解答学生的疑惑。

第五，根据课堂交流内容，完善教学方式和授课内容。

第六，布置预习作业，让学生将个人成果上传到共享平台。

2.课中教学阶段

传统的课堂教学是以教师为主开展的灌输式学习活动，师生之间常缺乏沟通。在大数据时代，新型的教学活动应以学生为主，尤其要凸显学生学习行为的主动性。新型教学活动的开展具体可从以下几个方面进行：

第一，学生以学习小组的形式，在开始上课前向教师集中反馈课前预习的成果和遇到的问题，教师可由此开展针对性教学。

第二，教师在课堂上需要借助多媒体设备创设特定的情境，合理地呈现教学内容。

第三，高校借助信息化设备，实时记录教师教学过程和学生学习过程。一方面，可以让学生在课后反复学习；另一方面，可以使教师及时发现教学过程中的问题，及时了解学生的动态，获得学生的反馈，以便不断提高教学水平。

第四，教师在完成课堂教学内容后，可以借助移动设备给学生布置新的学习任务，并引导学生进行探究式学习。

第五，教师可以利用移动设备，让学生完成在线随堂测试，之后借助智能评价分析系统，及时、公正和客观地对学生进行评价。

第六，教师可以借助测评系统从整体上分析班级学生的情况并及时反馈，及时检测教学的效果。

3.课后辅导阶段

教师利用在线教育资源和设备为学生提供课后辅导。一方面，以数字化的形式保存课堂教学内容，有利于学生有针对性地复习；另一方面，对于作业中的疑难点，学生可以在线寻找各类教育资源以获得帮助。除此之外，教师可以通过智能系统及时收集学生的课后作业，并通过智能化的评价和分析系统，整理下一阶段的教学任务和内容。

（三）重塑学生的学习观和学习方式

在现代高校教育教学活动中，信息技术不仅是一种教学辅助技术，也会对教师、学生的观念和行为产生影响，还会对教师的教学能力和学生的学习行为提出更高的要求。在教育信息化的背景下，需要重塑学生的学习观和学习方式，具体应做到以下三点：

第一，培养批判性思维。在信息化时代，海量的信息会以无差别的方式呈现在学生面前。这些信息是碎片化的，也是未经筛选的，可能含有错误的价值观，或是无用、庸俗的垃圾信息和消极负面的信息。对此，教师应培养学生的逻辑思维和批判性思维，要求学生在接受一个信息或者观点、结论之前，首先要对其进行批判性分析，判断言论的合理性、论证的有效性和充分性，以及信息传播可能造成的正面和负面影响等。

第二，坚持深度学习。在碎片化时代，受信息去中心化、娱乐化的影响，学生对信息的认识与理解往往只停留在表层。面对海量信息，教师要引导学生坚持深度学习，用工匠精神引领自我，实现自我超越。工匠精神是一种踏实专注、认真做事的心理状态，这种状态能让学生将有效的时间和精力集中到所做的事情上，最大限度地发挥学生的积极性、主动性以及创造性。作为网络时代的学习者，学生理应充分发扬工匠精神，学会独立思考，坚持深度学习，用专注的学习态度消除碎片化时代带来的不利影响。

第三，化被动学习为主动学习。在信息化时代，多媒体技术的发展使每一个主体都有发言权，都可以获得信息并利用媒介表达自己的观点，这有利于凸显学生的主体地位，激发学生学习的主动性、积极性。因此，应鼓励学生充分利用各种媒介，化被动学习为主动学习，提升学习效率。

在大数据背景下，教育的任务除了传统的传递学习知识，还包括帮助学生在新的时代变革中形成正确的学习观，在漫长的人生中养成终身学习的行为方式和思维方式，成为能够自我保持、自我成长的一代。

（四）提升教师队伍的信息素养

在科技发展的新时代，不仅学生面临着巨大的挑战，教师也同样面临着巨大的挑战。新时代的教育变革对教师的教学素养和能力、知识结构等提出了全新的要求，整合技术的学科教学知识的理念应运而生。

整合技术的学科教学知识指信息技术与教学方法、学科知识内容的有效整合。具体而言，需要做到以下三点：

第一，教师要提高思想境界和水平，尊重学生，关注学生的需求和成长，激发课堂教学活动的活力。

第二，教师要主动学习和掌握现代信息技术，学会收集和整理教学资源，借助多媒体设备和在线教育资源提升个人的教学质量。

第三，教师要借助智能信息评价系统，监控学生学习质量，进而不断调整教学内容和教学方式。

（五）建立和谐共生的师生关系

在大数据时代，教师和学生的关系需要有新的调整。在线教育资源和多媒体设备的广泛应用，一方面可以成为教师和学生之间的交流介质，扩展他们的交流空间；另一方面，会使师生之间的关系疏远，师生的沟通从直接的面对面交流变成了在信息设备上的交流。

在大数据背景下，建立良好的师生关系意义重大。要加强师生之间的沟通和交流，既要重视学生的表达需求，也要注重教师的观点表达。在与学生的沟通中，教师应因材施教，针对不同的学生采取不同的沟通方式，鼓励学生勇敢表达自己，培养学生的学习积极性和表达欲，在合作、探究、共享的原则下，建立新型的师生关系，使师生关系向和谐、民主的方向发展。

四、推动高校学生管理工作的发展

在大数据时代，高校学生管理工作面临着新的挑战。高校在对学生进行管理时，应转变单一的学生管理工作模式，充分体现学生的主体地位，满足当前社会发展的需要。

（一）开拓高校学生管理工作的思路

在大数据背景下，高校学生管理工作带有不确定性，给高校学生管理工作带来了新的挑战。如何更好地培养合格的社会人才，成为高校学生管理工作者需要研究和解决的问题。传统的说教方式已经无法满足当前高校学生管理工作的需要，高校学生管理工作者要开拓管理思路、创新管理理念。

1.注重对学生的情感教育

情感教育是指在高校日常管理过程中，充分发挥情感因素的积极作用，做到"情"与"理"有机融合、相辅相成。尤其需要注意以下几个方面的问题：

第一，以人为本。学生是高校教育管理的对象，是具有独立意识和人格的人。第二，以情为基。情感教育的目的是教育，但要注重"寓情于教"的方法导入。第三，因势利导。开展情感教育的前提是尊重学生的个性和独立性，因材施教。第四，以情激情。重视情感的推动作用，适时表扬学生，向学生传递正能量，引导学生积极向上。

2.树立正确的人本观念

（1）师生之间应体现平等关系

要促进师生之间的沟通和交流，必须采取有效措施，改善师生关系。良好的师生关系应是平等的，是基于人格平等的合作交流关系。在师生关系建立过程中，必须凸显学生的主体地位，教师要起到良好的引导作用。在开展具体的教学管理活动时，教师要让学生学会自我管理，不应进行过多干预。

（2）制定人性化的规章制度

科学完善的规章制度是高效地进行学生管理的重要保障。目前，多数高校在学生管理方面的规章制度呈现出重惩罚、轻奖励的失衡状态。对此，高校需要制定符合学生心理特征、年龄特征、班级特征的人性化制度。

（3）尊重学生的个体差异性

素质教育的最终目的是实现学生的个性发展，因此高校学生管理工作者要认识到学生在学习基础、理解能力等方面存在的差异。要想从根本上提高教学效率、保证教学效果，高校学生管理工作者必须尊重学生，针对不同的学生，采取不同的教学方法，通过个性化教育，为学生创设良好的学习环境和学习氛围，从根本上提高学生的创新能力。

（4）学生管理者要有发展的眼光

高校学生管理工作者必须认识到，学生是发展中的学生，需要被教育，尤其是在当今社会环境下，学生的思想变得更加多元，发展道路也有新的变化。在高校学生管理工作中，管理工作者必须树立"学生是变化的学生"的意识，对学生实行动态化管理，对不同发展阶段的学生进行有针对性的指导。

（5）培养学生的责任感

具体来说，高校学生管理工作者应教育学生正确表达自我，展示自己的个性，培养学生对自己负责、对社会负责的意识。

3.树立以学生为本的管理理念

树立以学生为本的管理理念，从学生的角度出发进行高校学生管理，是实现高校教育管理创新的基础条件。管理学理论认为，人是最重要的管理因素，也是一种管理资源。以学生为本的管理理念，要求将学生看作管理的重点，围绕学生的需求开展管理工作，关心学生的日常生活，尊重学生的个人意愿，鼓励学生发展个性，满足学生个人发展需求，激发学生自我管理的积极性。

以学生为本的教育理念，要求学生管理工作者深入了解学生的需求，只有在了解学生需求的基础上，才能进行有针对性的管理。与此同时，应该以提高学生的综合素质和创新能力为教育出发点，在管理过程中使用科学、民主的方法，最大限度地调动学生学习的主动性、积极性，使学生认识到他们不仅是被管理的对象，也是自我管理的主体。

学生管理工作需要学校全体人员的参与，形成管理合力，应提高学校各个部门在学生管理工作中的参与程度，引导他们积极参与学生管理过程，建立整体性的管理体系，调动教学人员、职工以及学生干部等的积极性，共同进行学生管理，为学生的生活、学习提供服务。

4.运用现代科学技术促进学生管理手段创新

互联网、大数据等技术逐渐走进高校校园，促进了校园内各项工作的开展。高校学生是我国当代社会网民的主体，校园网的建立为学生提供了用网渠道，高校也成为互联网用户的密集区域。

当代高校学生在日常生活中主要依靠互联网获取生活所需要的各种信息，互联网对他们的日常生活、日常学习、价值观念、思维模式都产生了非常深刻的影响。互联网带给学生的深刻影响，也对高校学生管理工作提出了新的要求。为此，高校学生管理工作者需要掌握互联网技术，利用互联网技术创新管理手段，拓宽管理途径，将传统管理方式升级为信息化管理方式，真正发挥高校学生管理工作的作用。

第一，建立学生信息数据库。学生信息是进行教育管理的基础，掌握学生各方面的信息，有助于进行有针对性的管理。为了更好地收集学生的基本信息，高校应该从学生入学开始记录学生的各种信息，形成信息数据库。例如，登记学生的家庭状况、经济状况等，对有需要的同学提供必要的帮助；记录学生的学习成绩、参与的社会实践、获得的各种奖项等，以便增强管理的弹性。

第二，建立学生管理的数字化平台。高校学生管理工作者应建立专门的网络管理平台，形成管理组织群，通过网络进行有效管理。网络管理平台要满足学生的需求，管理方式应生活化，应服务于学生的生活。网络管理平台负责人要与学生进行自由、平等的沟通，努力了解学生的思想，突破传统的单向沟通模式，从而使学生积极主动地参与管理。

5.推进学生管理运行机制创新

高校学生管理的中坚力量是学生管理队伍，其是学生管理工作的主要执行者。学生管理队伍的行政组织形式是管理机构。管理机构主要负责组织内部的活动管理，也负责调度机构内各个队伍的力量，综合管理资源，实现科学、有效的管理。为了提高学生管理工作水平，应该推进学生管理运行机制的创新。

当前，我国高校学生管理机构主要由校党委副书记带头，由学生工作负责人和学院党委副书记、辅导员、班主任组成，辅导员和班主任是直接接触学生的管理者，他们的能力水平直接决定了学生管理工作的效率。为了提高学生管理工作的整体水平，应该对辅导员和班主任进行专业化培养，提高他们在学生管理工作中的管理能力。

学院作为学生管理工作的基础组织机构，直接面向全院的学生，必须形成并坚持良好的机构运行准则，保证机构有序运行。学院应进行人员和管理层次分配，建立学院、年级、班级、宿舍四个管理层次。在不同层次上，由不同人员进行直接管理，形成目标清晰、职责明确的管理模式；整合学院所有干部力量、学生力量，加强学生和管理者之间的沟通，形成管理合力，实现科学、有效、精细化的管理。

6.建立立体、互动的学生管理体系

高校进行学生管理的主要途径是制定规章制度和行为规范，以约束学生的行为，引导学生思想的正确发展，帮助学生成长为合格的社会主义事业建设者和接班人。学生发展的过程受到很多因素影响，学生管理工作必然需要多元的管理主体。在多元管理主体中，学校是主要的管理者，社区是学生管理工作的支持者，家庭是帮助学校进行学生管理的合作伙伴。

（1）学校是学生接受教育的重要场所

学校的规章制度和相关管理方法，需要建立在充分了解学生的思想特征和实际情况的基础上，结合学生身心发展规律，明确科学合理的人才培养目标，实现刚性管理和柔性管理的有效结合，凸显思想教育的激励价值，营造良好的教育管理氛围。

（2）社区是学校管理机构中不可或缺的组成部分

社区是高校学生管理工作的重要支持者，已经成为学校管理机构中不可或缺的组成部分。社区必须加强有效管理，约束学生行为，为学生的生活和课外学习提供良好的场所。除此之外，社区还应和学校其他管理机构进行沟通、交流，将学生管理过程中出现的问题及时反馈给相关管理者，通过管理部门的共同研究，解决学生的发展问题，进而提高高校学生管理的整体水平。

（3）家庭是高校学生管理体系中不可分割的一部分

要加强高校学生信息化管理，还需要学生家长的配合，只有在高校教师和学生家长进行有效交流的基础上建立起来的学生家长联系制度，才能真正发挥应有的作用。例如，多数家长在与高校、教师进行互动交流时，不仅会通过电话联系，还会通过在高校官方网站留言或者发送邮件等方式反馈信息。积极交流教育经验，从根本上促进高校学生管理工作的有效落实，扩大学生管理方法的应用范围，优化学生管理效果。

高校学生管理工作难度较大，高校学生管理工作者必须在结合信息化技术的基础上，不断创新和完善学生管理方法，及时了解学生管理中出现的情况，

从根本上促进学生管理机制创新。

（二）借助大数据创新高校学生管理方法

1.创新高校学生管理组织结构

（1）完善学生管理信息化组织机构

完善学生管理信息化组织机构时，应成立专门的领导小组或工作委员会，任命学校领导直接管理领导小组，负责与信息化建设相关的目标设定、流程规定，并进行总体管理调度，协调各个部门的职责，管理工作人员，保证学生管理工作能够有效地开展。除此之外，学生管理信息化组织机构的领导者还负责学生信息的筛选和挖掘。信息筛选有利于实现数据的高效利用，充分发挥学生管理信息化组织机构在提高学校整体管理水平、促进数字化资源高效利用等方面的作用。

（2）优化网上业务协同管理平台

网上业务协同管理平台越来越受师生的欢迎，在高校学生管理工作中得到了广泛应用。当前，数字化设施在我国高校内得到了普遍应用，师生的信息化素养随之提高。信息化素养提高后，师生不满足于本部门内部的信息和业务服务，需要寻求更多的跨部门的信息交流和信息服务，在大数据背景下，可通过网络实现跨越不同职能部门的信息业务处理和信息服务。

例如，学校毕业生在离校时需要办理手续，具体包括教务处的盖章、学生处的盖章、图书馆的盖章以及后勤部门的盖章等，学生办理离校手续往往需要跑多个部门。但是，运用网络将各个职能部门联系在一起，学生就可以通过网上业务协同管理平台，在网上进行离校手续的办理，有效节省了学生办理离校手续的时间。再如，学校进行奖学金或者各种职称评定时，往往需要参考学生理论知识成绩、德育成绩等，在网上通过教务处和学生处的业务协同管理平台，可以很方便地查找评奖评优所需要的各方面资料。

此外，网上业务协同管理平台的应用还包括校园一卡通。校园一卡通集合了学校门禁、学校图书馆借书以及学生食堂消费等功能，涉及学生处、教务处、学校保卫处以及学校图书馆等部门，一卡通的综合应用体现了网上业务协同管理平台建设的成熟。

2.创新高校学生管理业务流程

对企业来说，管理业务流程的创新，是对企业的业务流程进行根本性改革，进行重新思考和设计，以提高企业的服务质量，降低企业的运营成本。对高校来说，学生管理业务流程的创新，是从根本上改变学生管理的流程，进行重新思考和设计，从而提高学校的管理水平。

随着大数据技术的广泛应用，学校各个职能部门之间应该主动配合参与信息化技术的应用，积极进行学生管理业务流程创新，充分了解传统业务流程的不足，结合学生对业务办理的新需求进行流程创新和再造。在这个过程中，应遵循以人为本的原则，尊重学生的合理需求，进行流程简化，实现高效率的管理。具体来说，创新高效学生管理业务流程，需要做到以下几点：

（1）利用信息技术实现组织结构扁平化

通过调查了解学生的需求，以学生的基本需求为出发点，改善业务流程，不断缩小直线管理层级，使组织结构扁平化。扁平化的组织结构有利于学校领导更好地了解师生的真实需求，缩短学校和师生之间的距离。此外，学校还应该实现组织结构的流程化。流程化的组织结构有利于实现学校管理目标。流程化的组织结构以核心任务为中心，分配工作人员，通过不同职能部门的配合，完成管理任务、实现管理目标，这种方式加强了学校不同部门之间的交流和联系，促进了教学信息的流动，充分发挥了学校各个部门的职能优势，能使资源利用最大化。

（2）基于现代信息技术构建协同管理平台

学生管理工作涉及各个方面的内容，是一项复杂的管理工作。现代信息技术的出现为高校学生管理的优化提供了更多选择，以信息技术为基础建立的协同管理平台，可以有效整合学校信息资源，实现综合管理，为学生提供更加便利的服务，从而打破不同部门之间的壁垒，真正使学校实现信息共享。现代信息技术在我国高校的普遍应用，有利于我国高校学生管理的数字化、智能化，通过信息技术对学生进行公共智能化管理，有助于优化学校决策、部署和规划工作。

（3）集成相关业务，简化业务流程

学生管理业务流程的革新和再造，应该组合散落的业务，优化业务流程，创建高效、顺畅的协同管理平台，还应该删除传统业务流程中不需要的、多余的、冗杂的步骤，进行程序精简，以实现管理的精简化；应避免获取重复的信息，通过一次性的信息获取，实现更高效率的信息集成；应降低各个办事部门人员的接触频率，简化办事步骤，实现各个部门之间的业务集成；应避免活动分散，将类似的业务进行整合，实现业务集成。集成相关业务，简化业务流程，有利于实现学校业务流程的综合化，将完成一项任务所需要的各种信息、各个部门整合在一起。

业务流程的整合体现在将学生的信息进行有效归类，以便更好地利用；体现在在管理过程中公开办事环节、办事流程，减少任务传递和信息传递的次数；还体现在通过信息化手段进行信息统计、录入工作，减少人工统计的工作时间。工作人员的主要工作方向是对信息进行整合、加工处理以及深入研究，有效提高办公效率和办公速度。例如，在审核学生奖学金、进行奖学金发放时，只需要上传奖学金的评定条件，由智能信息化系统自动进行选择，这样不仅解决了传统审核流程过于烦琐的问题，也节省了时间。

3.创新高校学生管理手段

（1）创新高校学生管理方式

建设学生信息管理制度，应形成新的学生管理方式。学校应成立学生管理领导小组，设立管理目标，明确管理方法，进行项目管理。项目管理是指在管理过程中以系统的方法和理论，坚持系统观点，对项目进行科学有效的管理，以便更好地实现任务目标。开展不同的项目，需要不同的软件，学校应该结合自身发展需求和学生的需求来选择软件，选择合适的软件有助于项目的整体推进，也有助于提高学生管理的效率。

在应用新的学生管理方式时，管理人员要转变管理思路，从传统的封闭式局限性管理向整体的开放式网络管理转变，由人工单向管理向网络批量科学管理转变。同时，在学生管理过程中，管理人员还应积极运用现代信息技术，创新管理方式，拓宽管理途径。

（2）提高高校学生管理人员素质

管理机制作用的发挥离不开管理人员，管理的效果也在很大程度上取决于管理人员的素质。提高管理人员的素质，有助于更好地发挥管理机制的作用。高校学生管理队伍应该由多层次的人员组成，人员不仅应该具备管理理论知识和管理能力，也应该具备教育责任感和使命感，还应该具备实际的管理工作经验，能熟练地使用网络技术，熟练管理系统，具备创新能力，能根据学生的需求创新工作方式。

管理人员的培养需要相关的管理体制的保障，体制的存在有助于高校明确各项职责，梳理各种关系，有利于学生管理部门的有效管理，发挥管理人员的主观能动性。除此之外，还应该建立管理人员培训机制，提高管理人员的素质，通过"老带新"或者其他方式，促进管理人员的内部交流。同时，应加强对管理人员的技能培训，聘用信息技术人才，对管理人员进行信息技能培训。使管理人员掌握信息技术使用知识，这有助于提高管理人员利用信息化设备进行学生管理的能力，也能促使学生管理工作更好、更快地发展。

（3）提升高校学生管理精细化程度

高校学生管理工作应精细化，注重细节，追求精益求精；应建立严格的标准，要求管理人员严格按照标准执行工作任务；管理人员的工作态度要认真，工作要细致。精细化管理还要求管理人员注重学生个性化发展，不仅要实现学生管理工作的高水平发展，还要注重培养学生的兴趣，促进学生全面发展。

提升高校学生管理的精细化程度，也代表着高校的态度，是高校学生管理的奋斗目标。高校学生管理的精细化主要体现在管理方面、教育方面和学生服务方面。

（4）完善高校学生信息保护体系

高校学生管理应完善信息保护体系。信息保护有不同的等级，等级高低取决于信息对国家安全、经济建设和社会生产生活的影响。对学生信息进行相关保护，是高校学生管理的重要内容。学生信息具有隐私性，学校在建立学生管理平台时要注重保护学生的个人隐私，配备安全检查人员，及时进行平台维护。

4.建设高校学生管理技术支持体系

（1）加大硬件方面的投入

要真正实现学生管理工作的信息化，必须加大投入力度，不断完善学校信息系统基础设施建设。高校应以建成的校园网为骨干，加强信息技术应用，最终达到创新应用模式的目的；要依托各种信息化系统与技术，主动整合自动办公系统与办公资源，并借助网络形式实现资源的流转和共享。除设备、资金投入外，高校还要积极引入市场机制，与相关企业合作，加大基础设施建设力度，从而全面提高学生管理的信息化水平。

（2）创新性地使用物联网技术

目前，我国高校学生管理工作的重中之重是保障学生安全，创建平安校园。如何更好地为学生提供服务，做好日常管理工作，保证学生的安全，是各高校需要重点解决的问题。随着科学技术的发展，物联网在高校内部得到越来越广泛的应用。物联网的优势在于能够运用无线数据通信等技术进行信息收集，然后对收集到的信息进行分析、处理，再发送给用户。

高校应充分利用物联网的优势，在教室、图书馆、寝室等地方放置相关感应器和识别设备，在学生进入和离开区域时，手机会发出提示或警告；感应识别系统还可以使学生在进出某些区域时，通过一卡通等方式实现开关门。物联网技术的应用，一方面方便了学生的学习和生活，另一方面提高了学校各区域的安全系数，保证了学生的安全。对于管理者来说，其通过物联网随时掌握学生的准确位置，可以预防和及时处理突发事件。

（3）创新性地使用新媒体技术

新媒体是一种新兴的媒体形态，它能通过计算机网络、无线蜂窝网等介质，给人们提供诸多服务，如数字报纸、数字杂志、数字电影等。在大数据背景下，高校的很多学生很早就开始使用新媒体，因此各高校应利用新媒体手段创新学生管理工作，探索出新的工作方法，从而促进学生管理工作的不断进步和可持续发展。

5.创新高校学生管理信息化评价体系

高校学生管理信息化评价体系由一系列指标组成，这些指标之间具有相互联系、相互补充的关系。在大数据背景下，高校学生管理信息化评价体系应该更加贴近高校工作的实际情况，能够对高校学生管理工作成效进行有效验证，能够综合反映高校学生管理信息化建设现状，在高校学生管理信息化进程中起着导向作用。

高校学生管理信息化评价指标体系的建立，除借鉴和吸收教育理论和信息理论外，还要借鉴高等教育信息化的科学概念和理论体系。高校学生管理信息化评价指标体系主要由以下六个方面构成：

（1）实际投入评价指标

学校对学生管理信息化建设的实际投入情况，可以从静态和动态两个层面进行考察。静态层面指学生管理信息化年度资金投入占学校总投入的比例；动态层面则指投入经费的增长率。学生管理信息化年度资金投入包括硬件基础设施建设、人员培训、信息系统开发与应用等相关方面的资金投入。

（2）基础设施评价指标

信息化基础设施能够在一定程度上反映高校学生管理信息化建设水平，也是高效开发和应用信息资源最直接的平台。学生管理信息化基础设施主要包括校园网出口带宽、个人电脑拥有率、校园网覆盖率及学生管理信息系统的普及率。

校园网出口带宽是学生管理信息化基础设施的重要组成部分，是信息传输、交换和资源共享的必要手段，包括网络设备的规格和性能等内容，能够充分反映学校通过网络与外界交换信息资源的速度。评估校园网出口带宽指标时，应随着网络技术的发展不断调整评估标准。个人电脑拥有率是指在校师生计算机的拥有率。校园网覆盖率能在一定程度上反映学校内部网络的建设情况。学生管理信息系统的普及率则主要是指在学生管理工作中，各职能部门在开展业务的过程中使用信息系统的比例。

（3）应用状况评价指标

在高校中，财务、教务、招生和就业等管理系统都是以网络和信息化为基础的，对这些系统的应用情况进行准确评价，是高校学生管理信息化评价的重点。这些系统能方便学校的教育教学工作，切实提升工作效率，也能充分体现高校学生管理信息化建设的成果。学校可收集各个系统中的学生注册数、系统和学校主页的每日访问次数，以及高校师生使用相关系统的次数等数据，然后进行整理分析，对相关系统的应用情况进行综合评价。

一般情况下，高校使用的系统必须是教育部指定或经过相关认证的系统，但对于已经通过教育主管部门认证的管理系统，学校可以从本校的实际情况出发，在其基础上开发出更符合学校实际情况的系统，从而更好地为学校服务。

（4）信息资源评价指标

学生管理信息资源是高校学生管理信息化的重要内容之一，同时，信息资源的开发和利用，也是高校学生管理信息化的核心步骤。

高校学生管理信息化建设具有系统化特点，其真正的目标是将学生、教务等全部信息资源收集、整理好，能够让所有师生在一定条件和范围内共享。因此，信息资源的收集整合水平、共享范围、使用效率等，成为高校学生管理信息化评价的重要指标。

（5）人力资源评价指标

人力资源是一切工作的基础，其在高校学生管理信息化过程中的作用也是不可忽视的。可以说，坚持以人为本的理念是高校学生管理信息化建设获得成功的重要保障。高校要充分认识人才的重要性，招揽人才、重视人才，将人才视为一种重要资源。

一般情况下，人力资源的评价指标有三个，分别是一年内参加高校组织的信息化培训人次、高校信息化建设部门规模、给学校提供技术支持和运行维护的队伍规模。具体来说，信息化培训人次能够反映高校对学生和教职工进行信息素养培训的情况；高校信息化建设部门的规模能够反映高校参与信息化建设的积极性；给学校提供技术支持和运行维护的队伍规模则可以综合反映高校学生管理信息化的后勤保障机制是否完善。

（6）组织机构和管理评价指标

对参与高校学生管理信息化工作的组织机构的管理水平进行评价，主要包括两个方面：在信息化建设中，应用教育部行业标准的情况；执行明确的信息化安全相关规范的情况。

高校可设置专门的组织机构，从职能和实际执行情况两个方面对学生管理信息化主管部门进行考察，从而明确学生管理信息化工作的战略地位和组织地位。规章制度的制定和执行是保证高校学生管理信息化工作顺利开展的基础。因此，对组织机构的规章制度的考察也是高校学生管理信息化评价的重要指标。此外，高校聚集了各种网络信息人才，也是网络安全事故的高发地。为了避免出现网络安全问题，并迅速找出和解决已经出现的网络安全问题，高校必须建立健全网络信息系统安全问题的响应和解决机制。对这一机制的落实情况进行评价，是高校学生管理信息化评价的又一个重要指标。

第三章　大数据驱动
高校教育管理创新

互联网、大数据等技术的发展，对高校教育管理产生了深刻影响，为高校不断进行教育管理创新带来了更多的可能性。本章通过分析大数据对高校教育管理创新的作用，梳理大数据驱动教育管理创新的理论基础和实践应用，构建大数据驱动下高校教育管理创新的实施效果评价体系。

第一节　大数据对高校
教育管理创新的作用

一、数据驱动决策

在信息化时代，数据不仅是一种资源，更是组织决策和规划的重要驱动力。高校作为知识产出和管理的重要场所，能全面发挥数据驱动决策的作用，这对于提高教育管理效率、优化教育资源配置至关重要。数据驱动决策是高校管理的现代化要求，通过充分利用学生信息、教职工信息、财务数据等多维度的数据，可以实现更加科学、精准、高效的管理。

然而，实现数据驱动并不是一蹴而就的，需要克服诸多难题。在大数据背景下，高校相关管理者只有深入理解数据驱动的含义及数据驱动决策的重要性，掌握数据来源，制定科学的数据驱动决策流程，针对数据驱动决策面临的问题，积极主动地思考应对策略，才能更好地实现教育管理创新，为提升高校教育质量和管理水平提供有力支撑。本部分内容主要论述数据驱动决策的定义、重要性、数据来源、流程，以及数据驱动决策面临的挑战与应对策略等。

（一）数据驱动决策的定义

数据驱动决策是指通过收集、分析和利用数据来指导组织的决策和规划。这一理念强调基于实际数据而非主观经验进行决策，以实现更科学、精准、有效的管理。

（二）数据驱动决策的重要性

1.增强决策的科学性

高校管理者通过数据驱动的方式做出的决策更符合实际情况，能避免主观臆断，有利于增强决策的科学性。

2.精准配置资源

数据驱动决策有助于高校管理者精准了解资源分布和利用情况，进而更有效地配置教育资源，提高资源利用效率。

3.有利于效果评估与改进

通过数据分析，高校管理者可以对已实施决策的效果进行评估，发现问题并进行改进，使决策不断优化，管理更加高效。

4.有利于风险预测和应对

数据驱动决策有助于高校管理者对潜在风险进行预测，提前制定相应的应对策略，降低管理风险。

（三）数据来源

1.学生信息系统

学生信息系统中包含了学生的基础信息、学业情况、成绩等数据，对这些数据进行分析，可以加强对学生的管理，提高教学质量。

2.教职工信息系统

教职工信息系统记录了教职工的基本信息、科研情况、工作履历等，对这些数据进行挖掘，可以更好地进行人才管理和科研规划。

3.财务管理系统

财务管理系统中包含了高校的财务状况、资金流向等数据，对财务数据进行分析，可以更好地进行经费规划和财务决策。

4.教务管理系统

教务管理系统记录了课程安排、教学计划等信息，对这些数据进行分析，可以优化教学计划，提高课程质量。

5.科研管理系统

科研管理系统中包含了科研项目、科研成果等数据，对科研数据进行发掘，可以更好地进行科研项目规划和资源配置。

（四）数据驱动决策的流程

1.数据收集

数据驱动决策的首要步骤是收集各个系统中的数据，确保数据的完整性和准确性。数据的收集可以通过系统间的数据集成、数据仓库建设等手段进行。

2.数据清洗与整理

收集到的数据可能出现冗余、错误或不一致的情况，因此需要进行数据清洗和整理，保证数据的质量符合要求。

3.数据分析与挖掘

通过数据分析与挖掘技术，深入挖掘数据中的潜在信息，发现数据背后的规律和趋势。数据分析与挖掘可以通过统计分析、机器学习等方法进行。

4.决策制定

基于数据分析的结果，制订科学合理的方案。高校教育管理中的决策涉及专业设置、人才培养计划、财务预算等方面的内容。

5.决策实施

将决策方案付诸实践，实施相应的管理措施。在实施管理措施过程中，需要及时收集反馈数据，用于后续的效果评估。

6.效果评估与优化

对已实施的决策进行效果评估，了解决策的实际影响。根据评估结果，对决策进行持续改进和优化，形成良性循环。

（五）数据驱动决策在以下各方面面临的挑战与应对策略

1.数据安全和隐私保护

挑战：数据驱动决策的过程，涉及大量敏感数据，如果操作不当，可能引起数据泄露，导致师生隐私被侵犯。可见，在数据驱动决策的过程中，数据安全和隐私保护问题是一个重要挑战。

应对策略：高校技术人员应采用先进的加密技术、访问控制机制等手段来确保数据的安全性，加强隐私保护，建立完善的数据安全管理体系，明确数据的使用权限和访问规则。

2.数据质量和准确性

挑战：不同系统中的数据可能存在质量不一致、准确性差等问题，影响数据分析的可靠性，进而影响决策的科学性。

应对策略：在进行数据清洗和整理的过程中，相关工作人员应建立有效的质量控制机制，确保数据的准确性和一致性；建立数据质量监测系统，及时发现和修复数据质量问题。

3.技术和人才需求

挑战：数据驱动决策需要先进的技术支持和专业的人才，如果在技术和人才方面投入不足，就无法发挥技术支持和智力支撑的作用，很可能影响决策的效果。

应对策略：高校应定期对技术人员进行信息技术和数据分析技能的培训，提高团队成员的能力；也可以与外部专业机构合作，借助外部资源打破技术和人才的限制。

4.文化与组织变革

挑战：将数据驱动决策的理念融入组织文化，推动组织变革，可能面临强大的阻力。

应对策略：高校应制订变革计划、培训计划，制定沟通策略等，引导组织成员逐步接受和认同数据驱动决策的理念；应不断完善组织文化，鼓励员工参与数据驱动决策的过程。

5.跨系统集成

挑战：不同系统之间的集成可能面临技术差异、数据标准不一致等问题。

应对策略：相关技术人员可通过采用中间件技术、统一开放标准等方式，促进系统之间的数据互通和集成；建立数据仓库或数据湖，实现跨系统的数据集成。

二、优化教育资源配置

教育资源是支撑高校开展教育管理工作的关键要素，包括师资力量、课程设置、实验室、图书馆等多个方面的内容。教育资源的优化与配置不仅关系到高校的教育质量和水平，也直接影响学生的学习体验和未来发展方向。大数据对高校教育管理创新的作用，在教育资源方面主要表现为优化教育资源配置。

（一）优化教育资源配置的重要性

1.提高教育质量

教育资源优化与配置能够使得各类资源得到更加合理的分配，更好地满足教学发展的需求，从而提高高校教育的整体质量。

2.提升学院和专业竞争力

通过合理配置各学院、各专业的教师、实验室设备等资源，高校可以提升各个学院、各个专业的竞争力，更好地满足社会需求和科技发展要求。

3.实现教学与科研的有机结合

教育资源的合理配置可以促进教学与科研的有机结合，提高科研成果的转化率，增强高校的综合实力。

4.提高学生综合素质

高校通过优化教育资源配置，设计多元化的课程体系，能够培养学生的创新能力、团队协作精神等综合素质，使高校学生更好地适应社会发展的需求。

（二）优化教育资源配置的目标

1.优化师资力量

确保高校拥有高水平、高质量的教师队伍，实现师资力量的合理配置，提高教学和科研水平。

2.优化课程设置

通过调整和更新课程设置，使之更符合所属专业的发展趋势和社会需求，提高专业的吸引力和竞争力。

3.优化实验室和设备资源

确保实验室和设备资源充足，通过现代化的技术手段提高实验室建设的质量和设备配备的全面性，满足教学和科研的需要。

4.优化图书馆和信息资源

构建数字化图书馆，完善信息资源管理体系，提供更广泛、更高质量的学术资源，为教学和科研活动提供支持。

5.优化校园文化氛围

通过各类文化活动，营造积极向上、充满活力的校园文化氛围，吸引优秀人才的加入。

（三）优化教育资源配置的关键手段

1.数据分析与评估

运用数据分析工具，对师资力量、课程质量、实验室利用率等进行全面评估，发现不足和问题，为教育资源的优化配置提供科学依据。

2.教学评估与质量保障

建立完善的教学评估机制，关注教学效果和师生互动情况，及时调整和改进教学方法，提高教学质量。

3.人才培养与引进

以培养内部人才和引进外部优秀人才相结合的方式，优化师资队伍，提高教育资源的整体质量水平。

4.跨专业合作

鼓励不同专业之间的合作与交流，实现教育资源共享，提高综合创新能力，促进跨专业研究的发展。

5.技术支持与创新

借助现代化技术手段，如在线教育、虚拟实验室等，提高教学效果，促进教育资源的优化配置。

（四）优化教育资源配置的步骤

1.制定整体规划

明确资源优化与配置的目标和原则，进行全面的资源调查和评估，建立资源配置的标准和政策，明确不同类型资源的配置比例，保证资源配置更加合理和科学。制定资源优化配置的整体规划，为后续实施提供依据。

2.数据分析与评估

运用数据分析工具对各类资源进行全面评估，发现问题和不足，为资源的优化配置提供科学依据。

3.规划实施与记录

高校在实施规划的过程中，应重点关注师资队伍的优化、跨专业合作等方面的问题，并实时记录资源配置过程中产生的数据，便于对规划进行改进。

4.加强监测和调整

建立资源利用监测机制，定期评估资源的使用情况，根据评估结果及时调整和优化资源配置，确保资源的有效利用。

（五）优化教育资源配置面临的挑战及应对策略

1.资源分配不均衡

挑战：不同专业、不同学院之间存在资源分配不均衡的问题，导致一些专业、学院的发展滞后。

应对策略：制定科学的资源配置标准，重点支持发展潜力大的专业、学院，实现资源的合理配置。

2.资源浪费

挑战：可能因为使用不当或过度配置而造成资源浪费，降低了资源的利用效率。

应对策略：建立有效的资源利用监测机制，定期评估资源的使用情况，通过调整资源配置的方式，减少资源浪费。

3.教育体制的制约

挑战：传统的教育体制可能存在刚性制约，使得教育资源配置难以灵活调整。

应对策略：推动教育体制改革，建立更加灵活的资源配置机制，提高高校灵活运用教育资源的能力。

4.技术水平不足

挑战：一些高校可能在信息化建设和现代信息技术应用方面存在技术水平不足的问题，制约了资源的优化配置。

应对策略：加大对技术人才的培养力度，引进先进的教育技术和管理系统，提高高校的信息化水平，推动技术创新。

三、学生与教师个性化支持

学生与教师个性化支持是高校教育管理的重要内容，旨在满足不同学生和教师的个性化需求，提供更符合个体差异的教育服务。在大数据背景下，深入探究学生与教师个性化支持，有利于高校充分利用大数据技术高速发展带来的机遇，促进学生的全面发展，从而提高高校教育管理水平。

（一）学生与教师个性化支持的概念和意义

1.学生与教师个性化支持的概念

（1）学生个性化支持

学生个性化支持是一种根据学生个体差异提供相应服务的教育模式，包括针对学生的学习风格、兴趣爱好、特长等方面的差异，为其提供个性化的学习指导服务。

（2）教师个性化支持

教师个性化支持是指为教师提供符合其专业发展需求和个人兴趣特点的

支持服务，涉及专业培训、教学资源定制、职业发展规划等，旨在提高教师的专业水平，提升教学满意度。

2.学生与教师个性化支持的意义

（1）提高学生学习效果

通过提供个性化支持，高校能更好地满足学生的学习需求，调动其学习积极性，进而提高学习效果。

（2）促进教学创新

个性化支持有助于激发学生和教师的创新潜力，为教学方法和内容的创新提供有力支持，促进教学水平的提升。

（3）提升学生与教师的参与度

个性化支持可以提升学生和教师在教育过程中的参与度，使其更加积极主动地投入学习和教学。

（4）促进教育公平

高校针对个体差异提供个性化支持，有助于缩小学生在获取学习资源上的差距，促进教育公平，确保每个学生都能够得到平等的学习机会。

（二）学生与教师个性化支持的实施策略

1.学生个性化支持的实施策略

（1）个性化学习计划

制订个性化学习计划，根据学生的兴趣、特长和学习风格，量身定制学习目标和内容，使学生更有针对性地进行学习。

（2）智能化教学工具

利用智能化教学工具，通过对学习数据的分析，为学生提供个性化的学习建议和反馈，帮助其更好地理解和掌握知识。

（3）差异化教学

实施差异化教学策略，根据学生的学习水平和能力，选择不同难度和形式的教学内容，使每个学生都能在适合自己水平的情境中学习。

（4）个性化辅导服务

提供个性化的辅导服务，包括课外辅导、专业竞赛指导等，满足学生更深层次的学习需求，更好地挖掘学生的发展潜力。

2.教师个性化支持的实施策略

（1）个性化专业培训

提供个性化的专业培训，根据教师的专业需求和兴趣特点，确定培训内容和形式，提高其专业水平和教学能力。

（2）教学资源定制

根据教师的教学需求，定制个性化的教学资源，包括教案、课件、教学视频等，提供更适合其教学风格和需求的教育资源。

（3）职业发展规划

制定个性化的职业发展规划，根据教师的职业目标和发展方向，提供相关的职业发展支持，提升教师的成就感。

（4）教学团队合作

鼓励教师之间的合作与交流，建立教学团队，通过共享教学经验和资源，实现优势互补，提高高校教学团队的整体水平。

（三）学生与教师个性化支持面临的挑战及应对策略

1.教育资源不足

挑战：学生与教师个性化支持需要投入大量的教育资源，而一些学校可能面临资源有限的问题。

应对策略：加强对教育资源的整合，充分利用现有资源，同时探索合作与共享机制，减轻高校在资源配置方面的压力。

2.技术应用不足

挑战：一些学校可能在现代化信息技术的应用方面存在滞后问题，无法充分发挥技术在学生与教师个性化支持中的作用。

应对策略：引进现代化信息技术，加强培训，推动数字化教育工具的应用，提高高校整体的技术水平，以更好地支持个性化教育。

3.个人隐私和数据安全

挑战：个性化支持涉及学生和教师的个人隐私信息，可能面临隐私泄露和数据安全隐患等问题。

应对策略：建立完善的隐私保护机制，并采取合适的数据安全保护措施，确保个性化支持过程中的数据收集、存储和处理都符合法律法规的要求，保护个体隐私。

4.个体差异管理难度较大

挑战：在整个高校教育管理体系中，分析每个学生和教师的个体差异，为师生提供差异化服务，可能有较大的难度。

应对策略：引入智能化管理系统和数据分析工具，通过技术手段更好地识别个体差异，提供更精准的个性化支持服务。

（四）学生与教师个性化支持的发展路径

1.教育智能化

在未来，随着人工智能和大数据技术的发展，教育将更加智能化。智能化的分析系统能够更准确地分析学生和教师的个体差异，为其提供更为精准的个性化支持。

2.跨专业合作

整合不同领域的专业知识和经验，促进不同专业之间的师生合作，形成更为全面的个性化支持体系，实现教育资源的综合利用。

3.社会参与和互动

未来的个性化支持将更加注重学生和教师的社会参与和互动。搭建社交平台、发展线上课程，可以推动学生和教师之间的交流合作，丰富其学习和教学体验。

4.教师职业化发展

为教师职业化发展提供更为全面的支持，比如职业规划、职称评定等方面的个性化服务，提升教师的专业满意度，让教师获得职业成就感。

四、创新与优化教育管理流程

随着社会的不断发展和教育需求的不断增长，教育管理作为教育体系的关键组成部分，亦面临着日益复杂和多元化的挑战。为了更好地满足学生、教师和社会的需求，教育管理流程需要不断创新与优化。教育管理流程的创新与优化是推动学校和教育体系不断发展的重要手段，也是大数据驱动高校教育管理创新的重要组成部分。只有不断创新和优化教育管理流程，才能使教育管理流程更好地服务于学生和社会，推动教育事业的可持续发展。

（一）教育管理流程的现状分析

1.传统管理模式的局限性

传统的教育管理模式存在许多局限性，如决策相对滞后、信息传递效率低下、资源配置不够灵活等，这些问题制约了教育管理的发展，影响了教育管理的效果。

2.信息化程度不高

在我国，虽然教育信息化已经取得了一定的进展，但在许多地区和学校，信息化程度仍然不高。存在的主要问题包括信息系统不畅通、数据采集不够精准、信息安全存在隐患等。

3.缺乏灵活性与适应性

传统的教育管理流程往往较为刻板，难以适应社会、科技和教育本身的快速变化。缺乏灵活性和适应性，使得教育管理流程在应对新问题和挑战时显得力不从心。

（二）教育管理流程创新与优化的重要性

1.促进教育质量提升

教育管理流程对教育质量有着直接的影响。对教育管理流程进行创新与优化，可以更好地组织、分配和监控教育资源，提高教育的效率，增强教育过程的有效性，从而推动教育质量不断提高。

2.优化教育资源

教育资源优化是教育管理的核心任务之一。教育管理流程的创新与优化，可以帮助高校更科学地配置教育资源，确保高校最大限度地发挥教育资源的作用，提高教育系统的整体效能。

3.推动教育公平

教育管理流程的合理性直接关系到教育的公平性。创新和优化教育流程，可以减少教育不公平现象，确保每个学生都有平等接受教育的机会，促进社会公平。

4.促进教育信息化发展

随着信息技术的发展，教育信息化已经成为教育管理的主要发展方向。创新与优化教育管理流程可以更好地促进教育信息化的发展，提高数据管理和决策的效率，为教育决策提供支持。

（三）教育管理流程的创新方向和优化策略

1.教育管理流程的创新方向

（1）引进先进的管理理念

在教育管理流程中引进先进的管理理念，如项目管理理念、绩效管理理念等。学习和借鉴其他领域的成功经验，能使教育管理流程更富有活力和创新性。

（2）推动信息化建设

加强对教育信息化建设的支持，推动数字化校园的建设，建立完善的信息系统，提高教育数据的采集、存储和分析能力，能为教育管理流程提供有力的支持。

（3）强化师资培训

提高教育管理人员和教师的信息技术素养，通过培训使其更好地运用信息化工具开展教育管理工作和教学工作。建立系统化的培训机制，使管理人员能够更全面地了解教育领域的发展趋势。

（4）加强学校与社会的互动

学校与社会建立更密切的联系，能够使教育管理流程更贴近社会需求。与产业界、社区等建立良好的合作关系，能通过外部力量为高校教育管理流程提供更多支持。

（5）引入科技支持

利用先进的科技手段，如人工智能、大数据分析等，为教育管理流程提供更强大的决策支持。借助智能化的工具和算法，能提高高校教育管理流程的效率，增强高校教育管理决策的准确性。

2.教育管理流程的优化策略

（1）数据驱动的决策

推动教育管理流程向数据驱动的方向发展。通过收集、分析学生和教师的相关数据，对师生进行精细化管理，提供个性化支持，以数据为基础进行决策，能增强决策的科学性和准确性。

（2）建立灵活的资源配置机制

建立灵活的资源配置机制，根据不同学院、专业、学生的需求，合理配置教育资源。通过动态调整资源分配，提高资源利用效率，更好地满足不同学生的需求。

（3）教育过程的优化

优化教育过程，提高教育质量和管理效率。包括但不限于：

制订更加灵活的教学计划，适应学生的学习特点和学习进度，增强教学的针对性，使学生的学习更加个性化。

引入创新的教学方法和教育技术，提升教学效果。例如，通过在线教育、虚拟实验室等方式丰富学生的学习体验。

优化课程设置，确保课程内容与专业前沿和社会需求保持一致，提高学生的实际运用能力。

（4）激发学生的学习动力

优化教育管理流程，激发学生的学习动力；鼓励学生参与课外活动、创新实践活动，培养学生的综合素养和创新能力；借助大数据分析，了解学生的兴趣和优势，为其提供个性化的发展建议。

（5）建立良好的沟通机制

优化教育管理流程还需要建立更加顺畅、高效的沟通机制，包括学校内部的各级管理层之间的沟通机制，以及学校与学生、家长、社区等外部力量的沟通机制。可通过定期组织会议、搭建沟通平台等方式，保证信息的流通和反馈渠道的畅通。

（四）教育管理流程创新与优化的步骤

1.制订创新与优化计划

在进行教育管理流程的创新与优化之前，学校和管理层需要制订详细的计划。该计划应明确目标、时间表、责任人等关键信息，确保整个过程有序进行。

2.引进先进的管理工具和技术

管理人员可利用先进的管理工具和技术，如项目管理软件、信息化系统等，提高管理效率。高校应定期对管理人员进行培训，确保其熟练掌握这些工具，更好地支持教育管理流程的创新与优化。

3.逐步实施创新与优化措施

创新和优化教育管理流程不是一蹴而就的，需要逐步实施。可以选择先在某个学院、某个年级或某个具体管理方面进行试点，根据试点中出现的问题对教育管理流程进行调整和改进。

4.加强培训与沟通

高校为管理人员和教职工提供相关的培训，使其更好地适应新的管理流程。同时，建立高校内部和外部的沟通机制，促进信息的流通和共享，实现教育管理流程的协同。

5.持续监测与评估

在实施教育管理流程创新与优化的措施后，需要建立监测和评估机制。通过收集数据、进行绩效评估等方式，了解新的教育管理流程的实际效果，及时发现问题并进行调整，确保创新与优化措施的可持续性。

第二节　大数据驱动高校
教育管理创新的理论基础

一、教育管理创新理论

教育管理创新是指在教育管理领域引入新的理念、方法和机制，以适应社会发展和教育需求的不断变化。教育管理创新旨在提高教育管理的质量和效率，增强教育管理的灵活性，推动教育体系不断进步。在大数据背景下，全面把握教育管理创新在高校教育管理中的作用，有利于高校利用大数据更好地推动教育管理工作发展。

（一）教育管理创新的理论依据

1.系统理论

系统理论认为教育管理是一个复杂的系统，包括各种相互关联的要素和子系统。教育管理创新应当从整体的角度出发，考虑各个子系统之间的相互作用，通过优化系统结构和功能，实现教育管理系统的协同发展。

2.变革理论

变革理论强调组织和管理的变革是推动发展的关键。教育管理创新需要通过变革打破传统模式的制约，引入新的管理理念和方法，使高校的教育管理体系更好地适应社会变革和发展的需求。

3.服务理论

服务理论强调高校教育管理的核心是为学生和教职工提供优质的服务。教育管理创新应当注重提升服务质量，关注用户需求，以满足教育参与者的个性化需求为目标，实现管理过程的服务化。

4.创新理论

创新理论认为创新是推动发展的动力来源。教育管理创新要倡导创新思维，鼓励管理人员在管理体系中引入新的理念、技术和机制，推动管理方式的不断创新和管理水平的提升。

（二）教育管理创新的关键要素

1.领导力

领导力是教育管理创新的关键要素之一。高校管理人员强有力的领导可以推动教育变革，为教育管理创新提供方向支持，使高校更好地适应时代变化。

2.信息技术

信息技术在教育管理创新中发挥着重要作用。引入先进的信息管理系统、运用大数据等技术，可以提高管理效率、优化资源配置，并为教育决策提供科学依据。

3.人才队伍

具有创新精神和专业素养的人才队伍是教育管理创新的保证。培养和引进具有跨专业背景和多种能力的管理人才，可以推动教育管理理念和方法创新。

4.制度机制

建立灵活的制度机制对教育管理创新至关重要。灵活的管理制度有利于管理者及时调整教育决策，保证管理体系的灵活性和创新性。

5.参与者合作

教育管理创新需要广泛的参与者合作。学生、教职工、家长等教育教学过程的参与者应当在管理决策中发挥积极作用，形成共建共享的管理模式。

（三）教育管理创新的实施策略

1.制定创新战略规划

制定合理的创新战略规划，明确高校教育管理的发展方向和创新目标，能为教育管理创新提供战略指导。

2.提升管理人员的创新能力

加强对管理人员的培训和能力建设，提高管理人员的创新能力，引领整个高校朝着创新的方向发展。

3.推动信息化建设

加大对信息技术的投入，推动信息化建设，建立先进的信息管理系统，提高教育管理的效率，增强决策的科学性。

4.建设创新文化

倡导积极的创新文化，鼓励教职工和学生提出新思路、新观念，营造宽松的创新环境，培养高校的创新氛围。

5.鼓励跨专业合作

推动不同专业的教职工开展跨专业合作，整合不同专业的知识和经验，实现创新思维的融合。

（四）教育管理创新对教育发展的影响

1.提高教育质量

教育管理创新有助于提高教育质量，通过优化教育资源配置、为师生提供个性化支持等方式，提高教育的整体水平。

2.促进教学创新

创新的管理体系能为教师提供更多的教学资源支持，让教师有更多教学自主权，促进教学方法和内容的创新。高校在创新的管理框架下更容易鼓励和支持教师尝试新的教学方法，从而推动教学创新。

3.提高学生满意度

教育管理创新关注学生的个性需求，能通过提供个性化支持、提供优质服务等方式提高学生的满意度，促使学生取得更好的学业成绩，帮助高校形成良好的教育口碑。

4.增强学校竞争力

高校在教育管理创新的过程中采用先进的管理理念和技术，有利于提高自身的整体竞争力。

5.适应社会发展需求

教育管理创新能使高校更加灵活地适应社会发展的需求。快速变化的社会环境要求高校具备更强的适应能力和更快的反应速度，而创新的管理理念和机制使其能快速适应社会变化。

（五）教育管理创新面临的挑战及应对策略

1.传统观念和制度惯性

挑战：传统的教育管理观念和制度惯性可能会阻碍教育管理创新，导致教育管理创新的难度增加。

应对策略：开展广泛的宣传和培训，使高校内部各层次的参与者更容易接受教育管理创新。

2.资金和资源不足

挑战：教育管理创新需要投入一定的资金和资源，而一些学校可能面临资金和资源不足的问题。

应对策略：高校可以寻求外部支持，包括政府资助、合作伙伴投资等，确保有足够的资金和资源支持教育管理创新。

3.信息安全与隐私问题

挑战：信息技术在教育管理创新中得到广泛应用，但随之也容易导致信息安全存在隐患或隐私泄漏等问题。

应对策略：建立完善的信息安全体系，采取有效的隐私保护措施，确保学生信息、教职工信息、教务信息、管理系统信息等得到妥善保护。

4.人才资源不足

挑战：推动教育管理创新需要具备相关专业知识和创新精神的人才，而一些学校可能面临人才资源不足的问题。

应对策略：高校应加强人才培养和引进，建立与行业合作的培训机制，培养能满足教育管理创新需求的专业人才。

二、大数据驱动的创新理念

随着信息技术的飞速发展，大数据成为推动教育管理创新的重要动力。大数据不仅为高校的教育管理提供了海量信息，更为教育管理创新理念的形成提供了新的思路。

（一）大数据驱动的创新理念在不同领域的应用

大数据驱动的创新理念强调利用大数据技术和方法，通过对海量数据的深度挖掘和分析，发现隐藏在数据中的规律、价值，从而推动创新理念的产生和应用。大数据驱动的创新理念注重挖掘数据的价值，将数据视为一种重要的创新资源。

1.商业和市场领域

（1）消费者行为分析

相关营销人员通过大数据分析消费者的购物历史、浏览历史、社交媒体活动等信息，进而预测消费者的需求，为企业提供更精准的市场定位和营销策略。

（2）供应链优化

大数据可以帮助企业实时监测供应链各个环节的数据，优化库存管理，完善物流运输和生产计划，提高供应链效率，降低成本。

2.医疗和健康领域

（1）个性化医疗

医疗人员运用大数据技术分析患者的基础信息、病历和生活习惯等数据，为不同患者制定个性化的医疗方案，改善治疗效果，提升患者的满意度。

（2）疾病预测

大数据分析可以帮助医疗机构实时监测疾病的传播趋势，使其有针对性地采取防控措施。

3.教育领域

（1）学生学习分析

学校通过分析学生的学习行为、测试成绩和参与课堂活动的数据，可以更好地了解学生的学习状况，提供个性化的教学支持。

（2）教育资源优化

大数据分析可以帮助学校更合理地配置教育资源，根据专业发展需求和师资情况进行精准调配，提高教育资源的利用效率。

4.城市管理和规划

（1）智慧城市建设

大数据在城市管理中的应用，有利于实现交通流量监控、垃圾处理优化、能源消耗管理等方面的智能化，提高城市基础设施的整体运行效率。

（2）空气质量监测

借助大数据分析城市空气质量监测数据，可以实时了解空气污染情况，为城市规划和环境保护提供科学依据。

（二）大数据驱动的创新理念对高校教育管理的影响

大数据驱动的创新理念可以为高校教育管理提供更为全面和深入的数据支持，帮助教育决策者更准确地了解教育问题的本质，从而制定更具有针对性的战略和计划。

1.优化教育资源配置

通过大数据分析，高校可以更精准地了解资源的分布和利用情况，从而优化资源配置，包括人力资源、财务资金、教学资源等方面的优化，使得高校教育管理工作能够更高效地开展。

2.推动教育模式变革

借助大数据，高校可以对学生的学习需求和教师的教学需求进行深入分析，从而分析教育模式的效果，为高校教育管理提供创新思路，推动教育模式改革。

3.提高教育质量

大数据驱动的创新理念有助于实现个性化教学和个性化学习。高校可以借助大数据分析师生个体的行为和偏好，为师生提供更加个性化的教育教学服务，从而提高教育质量。

4.加强风险管理

大数据分析可以帮助高校更好地识别和评估潜在的教育管理风险，提醒高校及时采取措施进行防范，这使得高校在面对复杂多变的教育发展环境时更有信心。

（三）大数据驱动的创新理念面临的挑战及应对策略

1.隐私和安全问题

挑战：大数据的采集和分析涉及大量信息，个人隐私安全问题备受关注，可能在法律和道德上存在争议。

应对策略：高校应建立健全数据隐私保护和安全管理体系，采用加密技术、权限控制等手段保证数据安全，同时遵守相关法律法规，制定运用大数据的相关规范性文件。

2.数据质量和准确性

挑战：大数据集合可能存在数据质量不够高和准确性不足的问题，不同数据源之间的不一致性可能影响分析的结果。

应对策略：建立数据质量管理机制，清洗和验证数据，确保数据的准确性和一致性。同时，采用多源数据融合的方法，提高数据的可信度。

3.技术和人才短缺

挑战：大数据分析需要更加专业的技术和人才支持，而目前许多高校存在技术和人才短缺的问题。

应对策略：高校可以通过对现有技术人员进行培训、引进外部专业人才、与专业技术团队建立合作关系等方式，应对技术和人才的短缺问题。

4.成本和投资压力

挑战：大数据技术的投入和运营成本较高，一些规模较小的高校可能面临投资压力。

应对策略：高校可以制定明确的大数据战略规划，根据实际情况选择适合自身的技术方案，以平衡投资和收益之间的关系。

（四）大数据驱动的创新理念的未来发展趋势

1.智能化与自动化应用

在未来，大数据驱动的创新理念将更注重智能化和自动化应用。结合人工智能技术，可实现更智能的数据分析和决策过程，提高数据分析的效率。

2.边缘计算与物联网融合

随着边缘计算和物联网技术的发展，未来大数据将更多地与边缘计算和物联网融合，实现快速、实时的数据处理。

3.区块链技术的应用

区块链技术的发展将为大数据技术的应用提供更安全、透明的数据存储和传输方式，从而为基于大数据的创新理念提供更可靠的基础。

4.跨行业合作与数据共享

在未来，不同行业将更加重视跨行业的数据合作和共享，实现更全面的数据应用，推动创新理念在更大的范围内传播。

三、创新模式理论

创新是推动社会经济发展的关键动力之一，而创新模式作为创新实践的具体表现，对各行业的发展至关重要，尤其是在大数据背景下，高校教育管理创新要求构建符合高校发展要求的创新模式。

（一）创新模式的定义与重要性

1.创新模式的定义

创新模式是指在一定的组织或产业环境中，为解决特定问题或实现特定目标而采用的一系列创新实践和方法的组合，它涉及组织结构、流程、文化、技术等多个方面的要素，是创新战略的具体体现。

2.创新模式的重要性

创新模式的选择直接关系到组织的创新能力和竞争力。有效的创新模式能够使组织更好地应对市场变化、满足客户的需求，在激烈的竞争中脱颖而出。

（二）创新模式的组成要素

1.技术要素

（1）技术基础

创新模式的第一要素是技术基础。技术基础包括组织所拥有的技术资产、专利技术、研发设施等。一个创新模式的实施效果，很大程度上取决于技术基础的完善程度。

（2）新技术应用

新技术应用是创新模式的关键要素之一。通过引入新技术，组织能够在产品、服务或业务流程上实现差异化，进而在市场上获得竞争优势。

2.组织要素

（1）创新文化

创新文化是组织要素的核心，它体现了组织对创新的态度，包括对失败的包容、对创意的鼓励等。创新文化的存在能够激发员工的创新潜力，推动创新模式的形成和演化。

（2）组织结构

组织结构也是创新模式的组成要素之一。一些先进的组织结构，如平台型组织、网络型组织等，能够更好地促进信息流通、知识共享，有利于创新活动的开展。

（3）制度机制

制度机制包括激励制度、奖惩制度等，对于创新模式的形成和演化至关重要。激励制度可以激发员工的创新积极性，奖惩制度则能规范创新行为，确保创新活动顺利进行。

3.市场要素

（1）消费者需求

消费者需求是创新模式的基础。通过深入了解市场需求，组织能够更准确地定位创新方向，使创新模式更有针对性。

（2）竞争环境

竞争环境是选择创新模式的重要参考因素。在不同的竞争环境中，组织需要灵活调整创新策略，选择适应当前市场情况的创新模式。

4.人才要素

（1）创新团队

创新团队是创新模式中的关键要素。一个具有高度创造力和团队协作能力的创新团队能够在短时间内迅速形成有效的创新模式并付诸实施。

（2）创新领导者

创新领导者是组织中的关键角色，他们能够引领团队，制定创新战略，为创新模式的形成提供坚强的领导支持。

5.知识要素

（1）知识积累

知识积累是创新模式形成的基础。组织需要不断积累行业知识、技术知识等，形成自己的知识体系，为创新模式的形成奠定基础。

（2）知识共享

知识共享是创新模式形成过程中的关键环节。组织内部要建立畅通的知识传递渠道，促进团队成员之间的知识共享，避免出现信息孤岛现象。

（三）创新模式的形成和演化过程

创新模式的形成和演化是一个动态的过程，在这个过程中，各个组成要素相互作用，共同推动创新模式的不断发展。创新模式的形成和演化过程可以分为以下几个阶段：

1.环境分析阶段

在这一阶段，组织对外部环境进行深入分析，包括技术趋势、市场需求、竞争格局等。通过对环境的全面了解，组织可以识别潜在的机会和风险，为选择创新模式奠定基础。

2.创新策略制定阶段

在环境分析的基础上，组织需要制定创新策略，明确创新的方向和目标。这一阶段涉及技术选型、市场定位、人才配置等方面的决策，需要各个组成要素的有机结合。

3.创新模式设计阶段

在制定了创新策略后，组织开始着手设计创新模式。在这一阶段，需要综合考虑技术要素、组织要素、市场要素、人才要素以及知识要素等多个方面的要素，以及各要素之间的关系。创新模式的设计要具有系统性和整体性，以保证各要素之间的协同发展。

4.实施与调整阶段

创新模式的实施是整个过程中最为关键的一环。在这一阶段，组织需要整合各方面的资源，推动创新模式的落地和实施。同时，组织要不断对各个要素进行监测和调整，根据实际情况对创新模式进行修正和优化。

5.成果评估与反馈阶段

创新模式实施一段时间后，组织需要对创新模式的成果进行评估。评估指标包括市场反馈、绩效指标、用户满意度等。通过评估结果，组织可以了解创新模式的实施效果，为下一轮创新提供经验借鉴。

第三节　大数据驱动高校
教育管理创新的实践

一、大数据在教学设计中的应用

随着信息技术的飞速发展，大数据技术逐渐被运用到各个领域，教育领域也不例外。大数据在教学设计中的应用，不仅为教育提供了更为精细的数据支持，也为学生带来了更加个性化的学习体验，给教育领域带来了巨大的变革。然而，推动大数据在教学设计中的应用，仍面对着一系列挑战。深入探讨大数据在教学设计中的优势及实际应用，能帮助高校更好地运用大数据技术，为教育管理创新赋能，促进高校教育管理事业的健康发展。

（一）大数据在教学设计中的优势

1.提供个性化学习路径

借助大数据技术，教师可以深入挖掘学生的学习数据，包括课程成绩、学习速度、知识点掌握情况等。基于这些数据，教师可以借助智能系统为每个学生提供个性化的学习路径，根据学生的专业特长和薄弱点有针对性地进行教学设计，提高学习效果。

2.及时反馈和调整

借助大数据技术，教师可以实时监测学生的学习过程并及时反馈。通过分析学生的学习行为，教师可以及时发现学生的问题并采取相应的措施进行调整。这种及时反馈有助于及时纠正学生的学习方向，提高学生的学习效率。

3.教学资源优化

通过大数据分析，高校可以了解师生对不同教学资源的使用情况，包括教材、多媒体资料、在线课程等。基于师生的反馈，高校可以优化教学资源的配置，提供更符合师生需求的学习材料和教学材料，提高教学效果。

4.提供智能教辅工具

借助大数据技术，高校可以和专业技术团队合作，开发智能化的教辅工具，根据学生的学习水平和学习需求，提供个性化的学习建议、练习题目和解答方案。智能教辅工具还可以辅助教师进行个性化辅导，提高教学效果。

5.进行教学质量评估

借助大数据技术，高校可以对教学过程和教学效果进行全面评估。通过收集学生的课堂参与度、作业完成情况等数据，高校可以对教师的教学质量进行评估，并提供有针对性的培训和支持，促进教师教学水平的提高。

（二）大数据在教学设计中的实际应用

1.学习分析系统

学习分析系统是大数据在教学设计中的一项重要应用。该系统可以收集学生的学习行为数据，如课程成绩、在线学习时长、作业完成情况等，并进行深度分析。基于分析结果，系统可以生成学生的学习档案，为教师提供学生的学习特点、学习偏好等信息，帮助教师有针对性地进行教学设计。

2.智能推荐系统

智能推荐系统能对学生的学习行为和兴趣进行分析，为学生推荐个性化的学习资源，包括教材、视频课程、练习题目等。借助大数据的支持，系统可以不断优化推荐算法，保证学生获得符合他们学习需求的资源。

3.在线作业和测验系统

借助大数据技术，高校可以支持建立在线作业和测验系统。通过对学生作业和测验的数据进行分析，教师可以全面了解学生对知识的掌握情况，从而调整教学策略，更好地满足学生的学习需求。

4.学生情感分析系统

大数据分析还可以用于学生情感分析。通过收集学生在学习过程中的情感数据，如情绪状态、学习动机等，系统可以分析学生的学习体验，有助于教师更好地了解学生的心理状态，采取积极的教学策略，调动学生的学习积极性。

二、大数据在完善学习分析与反馈机制中的应用

学习分析与反馈机制在教育领域扮演着重要的角色。对学生的学习过程进行深入分析并及时进行有效的反馈，可以更好地指导学生学习，优化教学设计，提高教育质量。运用大数据完善学习分析与反馈机制，是教育管理创新的一项至关重要的工作。把握学习分析的重要性与学习反馈机制的重要性，深入分析大数据在学习分析与反馈机制中的实践状况，探讨学习分析与反馈机制的未来发展方向，能够提高高校教育质量，使高校更好地开展教育管理工作。

（一）学习分析的重要性

1.个性化学习支持

高校可以通过收集和分析学生学习数据的方式进行数据分析，了解每个学生的学习特点、学习风格、知识水平等。基于这些信息，高校可以为每个学生提供个性化的学习支持，制订适合其发展需求的教学计划，促进学生的个性化发展。

2.教学过程优化

学习分析有助于深入分析教学过程中的有效和无效环节。通过分析学生的学习行为和反馈数据，教育者可以调整教学策略，优化教学过程，提高教学效果。这种数据驱动的优化过程有助于教学的不断进步。

3.专业知识点分析

学习分析可以帮助教师深入了解学生对专业知识点的掌握情况。对学生掌握知识点的情况进行分析，可以帮助教师发现学生学习中存在的薄弱环节，有针对性地进行强化教学，帮助学生掌握知识点。

4.提高教学评估水平

学习分析提供了更全面的教学评估数据。通过分析学生的成绩、参与度、作业完成情况等，高校可以更准确地评估教师的教学质量，了解教师的教学水平和学生的学习状态，为教育改革提供科学依据。

（二）学习反馈机制的重要性

1.及时纠正学习方向

学习反馈机制可以帮助学生及时了解自己的学习状态和存在的问题。通过及时的反馈，学生能够迅速纠正学习方向，避免在错误的学习道路上越走越远，提高学习效果。

2.激发学生的学习动力

有效的学习反馈可以激发学生的学习兴趣和学习动力。当学生获得积极的反馈时，他们更有可能对学习保持积极的态度，并更加努力地投入学习。反馈的及时性和鼓励性的反馈，有助于激发学生的学习热情。

3.实现个性化学习

学习反馈机制有助于学生实现个性化学习。通过分析学生的学习数据，系统可以为每个学生提供量身定制的反馈和建议。这种个性化的反馈能够更好地满足学生的学习需求，增强学习的针对性。

4.增强自主学习能力

学习反馈可以培养学生的自主学习能力。学生通过了解自己的学习表现和存在的问题，能够更好地制订学习计划、管理学习时间，并在学习中逐渐形成自主学习的习惯，从而增强自主学习能力。

（三）大数据在学习分析与反馈机制中的实践现状

1.在线学习平台的应用

许多高校借助在线学习平台，采集和分析学生的学习行为数据。这些平台通过记录学生的在线学习活动，包括观看视频、完成作业、参与讨论等，生成学习分析报告，为教育者提供有针对性的信息。

2.大数据分析技术的运用

大数据分析技术在学习分析中发挥着重要作用。例如，机器学习算法可以处理大规模的学习数据，帮助教师挖掘隐藏在数据中的规律，为学习者提供更具个性化、更精准的学习建议和支持。

3.智能教育系统的发展

智能教育系统集成了学习分析和智能化教学支持功能，该系统可以实时监测学生的学习状态，分析学习数据，根据学生的个体差异提供智能化的学习资源和教学方案，让学生获得更加个性化的学习体验。

4.教学管理工具的应用

教学管理工具也在学习分析中发挥着重要作用，这些工具可以帮助教育者收集学生的学习数据，生成学习报告，为教育决策提供依据。

（四）学习分析与反馈机制的未来发展方向

1.引入情感分析

在未来的发展中，学习分析与反馈机制会更关注学生的情感状态。通过情感分析技术，系统可以了解学生在学习过程中的情感变化，进而更好地调整学习资源，提供情感支持，促进学生的全面发展。

2.结合虚拟现实技术

虚拟现实技术的应用将为学习分析与反馈机制带来新的可能性。通过虚拟场景，系统可以模拟真实学习环境，收集更丰富的学习数据，并提供更直观的学习反馈体验，提高学生的学习参与度。

3.推动区块链在学习记录中的应用

区块链技术的引入可以提高学习分析与反馈机制的透明度和可信度。学生的学习记录可以被安全地存储在区块链上，防止信息被篡改。同时，学生和教师可以更加方便地访问和分享学习记录。

4.加强隐私保护

在学习分析与反馈机制的发展过程中，加强对学生隐私的保护至关重要。在未来的发展中，高校应建立隐私保护机制，确保学生的个人信息不被滥用，同时充分尊重学生的隐私权。

5.拓展跨学科、跨专业研究

学习分析与反馈机制的发展需要跨学科、跨专业的合作。高校应将教育学、心理学、计算机科学等多个学科的知识相结合，使学习分析与反馈机制获得更加全面、深入的发展。

第四节　大数据驱动高校
教育管理创新的效果评估

一、评估步骤、评估指标及未来发展方向

大数据技术的发展为各行各业带来了创新机遇，教育领域也不例外。在教育管理流程、教学设计、学生个性化支持等方面，大数据的应用正逐渐成为教育管理创新的重要方面。然而，大数据驱动教育管理创新的实施效果如何，需

要进行全面、深入的评估。

（一）大数据驱动教育管理创新的实施效果评估步骤

1.数据收集与整理

评估的第一步是收集和整理相关数据，这些数据包括学生的学习行为数据、教学资源利用情况、学生成绩和评价数据等。借助大数据技术，高校可以高效、全面地收集、整理这些数据。

2.数据分析与挖掘

在收集到的数据的基础上，借助数据分析和挖掘技术，探究数据中潜在的规律、联系，包括对学生学习行为的趋势、教学资源的有效利用程度、学生专业能力的发展轨迹等方面的分析。

3.效果评估指标确定

确定明确的效果评估指标是评估的关键步骤，评估指标是否科学、合理，会直接影响评估结果的准确性。

4.反馈与调整

评估的过程是一个动态的过程，需要及时获取评估结果并进行反馈。根据评估结果，对大数据驱动教育管理创新的实施过程进行调整和优化，以确保在实际应用中能更好地发挥教育管理创新的作用。

（二）大数据驱动教育管理创新的实施效果评估指标

1.学生学业成绩提升率

学生学业成绩提升率是评估大数据驱动教育管理创新效果的重要指标之一。通过对比实施前后学生的平均成绩、不同群体学生成绩的提升情况，可以全面了解大数据驱动教育管理创新对学生学业成绩的影响。

2.学生课堂参与度提高程度

学生课堂参与度提高程度反映了大数据驱动教育管理创新对学生学习积

极性的影响。通过分析学生在在线学习平台上的活跃度、参与课堂讨论的频率等数据，可以评估大数据驱动教育管理创新对学生课堂参与度的影响。

3.个性化学习效果

个性化学习效果是衡量大数据驱动教育管理创新是否能满足学生个性化学习需求的指标。通过分析学生的学习特点、学习风格等数据，可评估大数据驱动教育管理创新对个性化学习的支持程度，以及是否有助于促进学生专业能力的发展。

4.教学资源利用效率

教学资源利用效率是评估大数据驱动教育管理创新对教学资源管理的影响的重要指标。通过分析教学资源的使用情况，包括教材使用率、在线资源利用情况等，可评估大数据驱动教育管理创新对教学资源利用效率的影响。

（三）大数据驱动教育管理创新的未来发展方向

1.结合人工智能技术

未来大数据驱动教育管理创新的发展可以结合人工智能技术，通过智能化的算法和工具实现更精准的数据分析和个性化的学习支持。人工智能在教育领域的应用可以提高教育管理的智能化水平，更好地满足学生的个性化需求。

2.强化数据隐私保护

在大数据驱动教育管理创新的实施过程中，数据隐私保护是一个至关重要的问题。在未来，需要加强对师生个人信息的保护，确保数据的安全性，保证数据的合法使用，同时增强教师、学生和家长的数据隐私意识。

3.拓展在教育领域的应用范围

大数据驱动教育管理创新不仅可以在学校管理和教学设计中应用，还可以拓展到更广泛的教育领域。例如，在在线教育领域，可以通过大数据驱动教育管理创新来提高教育质量。

4.强调跨学科、跨专业合作

未来大数据驱动教育管理创新发展需要强调跨学科、跨专业合作，促进创新思维和方法的交流，推动大数据驱动教育管理创新更全面、更深入地发展。

5.提高师资培训水平

实施大数据驱动教育管理创新需要教师具备相应的技能和知识。在未来，应加强师资培训，提高教师对大数据技术的理解和运用水平，以更好地推动大数据驱动教育管理创新的实施。

二、教学效果数据分析

在现代教育中，教学效果的评估是提高教育质量的关键环节。通过对教学效果数据进行深入的分析，高校能够更好地了解学生的学习情况，找出教学过程中存在的问题，从而有针对性地进行改进。本部分内容将探讨教学效果数据分析的重要性，明确教学效果数据的来源和内容，探索教学效果数据分析与改善的策略，从而为教学管理的高效发展提供参考。

（一）教学效果数据分析的重要性

1.量化评估教学效果

教学效果数据分析是通过量化的手段对教学成果和学生学业表现进行评估的重要工具。根据数据，可以客观地衡量教学的成果，了解学生的知识掌握情况、学习兴趣、学习动力等。

2.提供决策依据

教学效果数据分析为学校管理层提供了科学的决策依据。通过数据分析，管理者可以了解教学的优势和不足，有针对性地开展资源调配、教师培训等活动，以提高整体教学质量。

3.提供个性化教学支持

教学效果数据分析为个性化教学提供了支持。教师通过分析学生的学习数据，可以了解每个学生的课程偏好、学习习惯等，从而为个性化辅导和教学提供有力的数据支持。

（二）教学效果数据的来源、内容及常用数据分析方法

1.数据来源

课程考试成绩：学生在各门课程考试中的表现是评估教学效果的重要数据来源。

课堂参与度：通过记录学生的课堂参与情况，包括提问、回答问题、讨论等，来评估课堂的活跃程度。

作业和项目表现：学生在课后布置的作业和项目中的表现，反映了他们对所学知识的理解和应用能力。

学生反馈：学生的意见和反馈是了解教学效果的主要途径，可以通过问卷调查、访谈等方式获取。

2.数据内容

课程知识掌握程度：通过分析学生的考试成绩和作业表现，了解学生对不同课程的掌握程度，找出存在的问题。

学习兴趣和动机：通过学生的参与度和反馈，了解他们对不同课程的学习兴趣和学习动机，为激发学生学习兴趣提供依据。

学习习惯和方法：通过分析学生的学习行为数据，了解他们的学习习惯和学习方法，为个性化教学提供支持。

教学资源使用情况：分析教师和学生对教学资源的使用情况，了解资源的有效性和受欢迎程度。

3.常用数据分析方法

教学效果数据分析需要运用有效的数据分析方法，常用的数据分析方法包

括以下几种：

趋势分析：教师通过对历年数据的比较，找出教学效果的发展趋势，以便及时调整教学计划。

关联分析：分析不同因素之间的关联，比如某一门课程成绩与学生参与度的关系，找出影响教学效果的主要因素。

群体比较：将学生分成不同群体，比较不同群体在教学效果上的差异，找到该群体的特点和需求。

（三）教学效果数据分析的改善策略

1.优化教学方法

结合教学效果数据分析的结果，教师可以及时调整和优化教学方法。例如，如果发现某一门课程学生的成绩普遍较低，可以考虑改变教学策略，采用更生动、实践性更强的教学方法。

2.提供个性化辅导

大数据技术可以对学生的知识掌握程度、学习兴趣和动机进行深入分析，为每个学生提供个性化的辅导和支持。教师可以采取制订个性化的教学计划、向学生推荐资源等方式，以适应学生的个体差异，提高学习效果。

3.优化和更新资源

分析教学资源使用情况，了解哪些资源受欢迎、哪些资源使用效果较好，可以为学校提供优化和更新资源的建议；促使高校及时更新教材，引入新颖的教学资源，有助于提高教学效果。

4.对教师进行技能培训

教学效果数据分析能为教师培训提供指导。高校通过了解教师在教学中的表现，可以有针对性地进行培训，以提高教师的教学水平。培训内容可包括更有效的课堂管理方法、个性化教学策略的应用等。

5.提升学生参与度

通过分析影响学生课堂参与度的因素，可以采取措施提高学生的参与度，比如增加课堂互动环节，设计更富有趣味性的教学内容，鼓励学生提问等，从而提高整体教学效果。

6.优化教学环境

教学效果数据分析可以为学校改善教学环境提供建议。例如，如果教师发现某一班级学生的平均成绩较低，可以考虑优化班级管理方法、营造积极的学习氛围，创造更适宜学习的环境。

7.整合交叉知识

在教学效果数据分析的基础上，学校可以探索交叉知识整合的可能性。高校可整合跨学科、跨专业的知识，提供更有深度和广度的专业知识，帮助学生更好地理解和应用知识。

8.更新专业课程

教学效果数据分析可以帮助学校及时了解学生对课程更新的需求。根据学生的知识掌握情况和学习兴趣，学校可以调整课程内容，确保教学内容与时俱进，符合学生的学习需求。

9.提供学生支持服务

通过分析学生的课程成绩、学习兴趣和动机等数据，学校可以提供更有效的学生支持服务。例如，为成绩较差的学生提供额外的辅导服务，鼓励成绩较好的学生参加进阶活动，以更好地满足学生的需求。

总之，对教学效果数据进行分析是现代教育管理的必然趋势。通过深入分析教学效果数据，学校能够更全面、科学地了解教师的教学情况，为教学质量的提高提供有力支持。在不断推进教育信息化的过程中，学校应注重数据的科学应用，以确保教育实践的有效性和学生发展的全面性。通过教学效果数据分析，教育领域有望形成更加个性化、更加有针对性的教学模式，从而为学生提供更好的支持和指导。

三、数据驱动的绩效评价体系

在信息化和数字化时代，数据是决策和管理的重要依据。在高校管理中，绩效评价是一项关键的活动，而数据驱动的绩效评价体系则为高校提供了更为科学、客观、精准的评估手段。通过构建科学、客观、精准的评价体系，高校管理者可以更好地了解自身发展状况，制定科学合理的决策，提高资源利用效率，促进自身的可持续发展。

（一）数据驱动的绩效评价体系的定义和特点

1.数据驱动的绩效评价体系的定义

绩效评价体系是指对组织、团队或个体在一定时间内工作成果和绩效水平进行评估的一系列方法和指标的组合。传统的绩效评价主要依赖主观评价和定性分析，而数据驱动的绩效评价体系则更加注重利用数据来客观、量化地评估绩效。

2.数据驱动的绩效评价体系的特点

（1）客观性

基于数据的绩效评价更加客观，减少了主观因素的影响，使评价结果更为公正和科学。

（2）实时性

数据驱动的绩效评价可以基于实时数据，使管理者能够更及时地了解组织或个体的绩效状况。

（3）精准性

利用数据进行绩效评价可以提高评价的精确性，避免了传统评价中可能存在的模糊性和不确定性。

（4）可量化

数据可以被量化，使得绩效评价更具可比性和可衡量性，方便对不同绩效水平的管理者进行对比和分析。

（二）数据驱动的绩效评价体系的构建流程和关键指标

1.数据驱动的绩效评价体系的构建流程

（1）确定评价目标和指标

构建数据驱动绩效评价体系的第一步是明确评价的目标和指标。评价目标应该与高校的战略目标相一致，而指标应能客观地反映教师的工作绩效。

（2）数据采集和整合

数据驱动绩效评价体系需要大量的数据支持，因此建立数据采集和整合机制非常重要。可以通过信息系统、传感器、调查问卷等途径收集组织内外的数据，并将其整合成可分析的数据。

（3）数据分析和模型建立

利用采集到的数据进行分析是数据驱动绩效评价体系的核心环节。数据分析可以采用统计分析、机器学习等方法，建立评价模型，进而揭示各种数据之间的内在联系，提供支持决策的信息。

（4）可视化和报告

将分析结果以可视化的形式呈现出来，可以更好地传达评价信息。可视化可以采用图表、仪表板等形式，使管理者能够直观地了解绩效状况，并及时作出相应决策。

（5）持续改进

应根据实际应用中的反馈和结果，及时调整评价指标和模型，以确保评价体系的有效性和适用性。

2.数据驱动的绩效评价体系的关键指标

（1）参与人员绩效指标

参与人员是高校绩效的重要组成部分。在教育领域，数据驱动绩效评价体系可以采用教师绩效评估、教师培训效果、师生满意度等指标，通过对教育参与人员相关数据的分析来评估高校的人力资源管理水平。

（2）创新能力指标

创新能力是高校持续发展的基础。在数据驱动绩效评价体系中，可以采用创新投入、研发产出、专利申请数量等指标，通过数据分析来评估高校的创新能力，有助于高校更好地保持竞争力。

（三）数据驱动的绩效评价体系在高校管理中的应用

1.支持决策制定

数据驱动绩效评价体系为高校管理者提供了更多、更精准的数据支持，有助于管理者制定科学、合理的决策。高校管理者可以根据评价结果优化资源配置、调整战略方向，增强决策的准确性和科学性。

2.促进绩效管理

数据驱动绩效评价体系强调持续监测和反馈，有助于建立绩效管理的闭环机制。通过不断收集、分析数据，高校管理者可以及时发现问题，对绩效进行有效管理和调整，推动高校不断向着设定的目标迈进。

3.完善激励和奖惩机制

绩效评价是激励和奖惩的重要依据之一。数据驱动绩效评价体系使绩效评价结果更为客观，可以避免主观因素对激励和奖惩的影响。通过明确的数据支持，高校可以更公正地对成绩优异者进行奖励，从而激发教师和学生的积极性及创造力。

4.优化资源配置

通过对高校各方面绩效的全面评估，管理者可以更加准确地了解到底哪些方面需要更多的资源，哪些方面可以进行资源的调整和优化。这有助于高校更科学地配置教育资源，提高教育资源利用效率。

（四）数据驱动的绩效评价体系在未来发展中面临的挑战

1.隐私和安全问题

在构建数据驱动绩效评价体系时，个人隐私和数据安全问题是不可忽视的问题。高校需要确保收集、存储和分析的数据得到妥善保存，避免信息泄露和滥用。

2.数据质量和准确性不高

数据的质量和准确性直接影响绩效评价的有效性。高校要建立健全数据采集和整合机制，确保数据来源的可靠性和准确性，避免由于数据质量问题影响评价结果的科学性。

3.数据分析能力不足

发挥数据驱动绩效评价体系的作用，需要高校具备一定的数据分析能力。面对庞大的数据集，高校需要培养或引入专业的数据分析人才，确保能够充分发挥数据在绩效评价中的作用。

4.多元化评价体系的建立

在实际应用中，绩效评价往往需要考虑多个方面的因素。因此，构建一个多元化、全面的评价体系是主要任务。高校需要综合考虑不同领域和层面的评价指标，构建更全面的评价模型。

5.教师参与度不够

在数据驱动绩效评价体系中，教师的参与度是关键因素。高校需要加强对教师的培训，提升教师对数据评价的理解和接受程度，使其更愿意参与到绩效评价的过程中。

6.有待持续改进

数据驱动的绩效评价体系是一个动态的过程，需要持续改进。高校需要建立持续改进机制，不断结合实际应用中的反馈和结果进行调整，以确保评价体系的有效性和适用性。

四、大数据驱动教育管理创新的成果可视化

大数据技术的广泛应用为教育管理创新提供了强大支持，而创新成果的有效传播是推动创新实际应用的关键环节。因此，大数据驱动教育管理创新的成果可视化成为一项至关重要的任务。大数据驱动教育管理创新成果的可视化，能帮助创新者更好地传达创新成果的价值，吸引关注与支持，进一步推动教育管理创新。

（一）大数据驱动教育管理创新成果可视化的意义

1.增强可理解性

大数据往往包含海量、复杂的信息，将其直接呈现在人们面前可能让人难以理解。大数据驱动教育管理创新成果的可视化，可以将抽象的数据转化为直观的图表、图形，增强了教育管理创新成果的可理解性，使人们可以通过视觉感知更容易地把握信息的内在关系和趋势。

2.促进决策制定

教育管理创新成果涉及各个层面的决策，包括资源投入、产品优化、教学设计等。大数据驱动教育管理创新成果的可视化，能以更清晰的方式为决策者提供信息，使其能够更迅速、准确地作出决策，对于创新成果的实际应用至关重要。

3.吸引关注与支持

通过生动、直观的可视化展示，高校能够更好地吸引公众、投资者和合作伙伴的关注，更方便地展现创新成果的价值和优势，为高校的进一步发展提供了有力支持。

（二）大数据驱动教育管理创新成果可视化的工具

1.数据仪表盘

数据仪表盘是一种集合多个数据可视化元素的工具，通常以仪表盘的形式呈现。它可以将不同维度的数据整合在一起，通过图表、指标等方式直观地展示创新成果的各个方面。

2.地理信息系统

对于涉及地理位置信息的创新成果，地理信息系统可提供强大的可视化功能。通过地图展示，人们可以清晰地看到地理数据的分布、关联和趋势。常见的技术工具如 ArcGIS、QGIS 等，被广泛应用于可视化领域。

3.时间线图

时间线图是一种将事件或数据按照时间的推移进行呈现的可视化方式。对于展示创新成果的发展历程、里程碑事件等，时间线图是一种更直观、有效的工具。

4.网络图

网络图适于展示创新成果中各个元素之间的关系，这种图形化的方式有助于复杂系统实现连接和交互。

5.3D 可视化工具

对于一些复杂的创新成果，使用 3D 可视化工具可以更好地呈现其关系。这种方式可在三维空间中展示数据，增强了信息的立体感。

（三）大数据驱动教育管理创新成果可视化的挑战

1.数据安全问题

在可视化过程中，涉及的数据可能包含敏感信息，因此保证数据安全是一大挑战。对于这一问题，管理人员可以采取数据脱敏、权限控制等方式，确保只有授权人员才能够访问相关数据。

2.可视化工具的选择和使用问题

选择合适的可视化工具是关键一步。不同的可视化工具适用于不同的数据类型的展示。在选择可视化工具时，要考虑数据的复杂性、用户群体的需求以及工具的易用性。同时，不同的工具可能需要不同的学习成本，因此对团队成员进行培训使之更加熟练地使用相应的工具也是必要的。

3.数据准确性和一致性问题

可视化结果的准确性直接关系到决策的正确性。在数据准备阶段，需要确保数据的准确性和一致性。数据清洗、去重和验证是确保可视化结果准确性的重要步骤。同时，在可视化过程中，需要注意避免误导性的图表和图形，确保信息传递的一致性。

4.用户体验与交互性问题

在可视化的应用中，用户体验至关重要。可视化工具应该具有良好的用户界面和用户体验，使用户能够轻松地进行操作。可增加交互性元素，如过滤器、交互式图表等，可以提升用户的参与感，改善使用效果。

5.受众不同的问题

不同的受众对创新成果的关注重点可能不同。在进行可视化设计时，需要根据不同受众的需求进行定制化设计。例如，高层管理者可能更关注战略层面的指标，而操作团队可能更关注具体的细节和操作性的数据。因此，应根据不同受众的角色和需求，有差别地进行可视化呈现。

6.持续更新问题

创新成果是一个不断更新的过程，可视化也需要随之更新。在进行可视化设计时，应及时更新数据、调整可视化展示方式，保持可视化与实际情况的一致性。同时，根据用户的反馈和需求，不断改进可视化工具和方法。

（四）大数据驱动教育管理创新成果可视化的未来发展趋势

1.融合 AR 和 VR 技术

随着 AR 技术和 VR 技术的发展，将其应用于创新成果的可视化将成为大数据驱动教育管理创新未来的发展趋势。借助 AR 技术和 VR 技术，用户可以在虚拟环境中更直观地观察创新成果，提升用户体验。

2.自动化可视化

随着机器学习和自动化技术的不断发展，未来的可视化工具将更加智能化。通过机器学习算法自动识别数据中的关键信息，并生成合适的可视化结果，有利于减轻用户在可视化设计上的负担。

3.多模态可视化

未来的可视化将融合多种感知方式，包括视觉、听觉、触觉等，能为用户提供更丰富、全面的体验，帮助人们更深入地理解创新成果。

4.与智能决策支持系统的整合

在未来，大数据驱动教育管理创新成果可视化将整合智能决策支持系统，与数据分析和决策模型无缝衔接，使得用户在可视化的基础上更直接地进行决策，使决策更加高效。

5.更重视社交化

未来的大数据驱动教育管理创新成果可视化将更加重视社交化，支持用户之间的互动和共享。大数据驱动教育管理创新成果社交化，能帮助教育团队成员更好地协同工作，共同理解和利用创新成果的信息。

第四章　大数据背景下
教学过程管理与优化

对教学过程的管理与优化，主要分为教学资源整合与共享、在线课程设计、教学质量评估与反馈、教学过程优化与个性化辅导等，在线课程设计的部分在第五章会进行详细论述，本章主要探讨其他三个方面的管理与优化。

第一节　教学过程中教学资源
整合与共享

一、教学资源整合平台建设

随着信息技术的发展，数字化技术在教育领域得到了广泛应用。教学资源的整合与共享成为提高教育效果、促进教学创新的重要手段。为了更好地满足教学需求，建设一体化的教学资源整合平台显得尤为重要。下面将深入探讨教学资源整合平台的建设目标、架构设计、功能模块设计、实施策略等：

（一）建设目标

1.提高教学效果

教学资源整合平台建设的首要目标是提高教学效果。通过整合多样化的教学资源，包括文本、图像、音频、视频等，教师可以更灵活地选择和运用资源，从而提高教学质量和学生学习效果。

2.促进教学创新

在教学资源整合平台建设中，高校应当鼓励和支持教学创新，为教师提供丰富多样的教学资源，激发其创造力，引导教师采用新的教学方法，促进教学创新。

3.提高资源利用效率

教学资源整合平台建设，可以帮助教师更好地利用各类教学资源，避免资源的重复购置，提高资源利用效率。提高资源利用效率不仅有助于提高教学效果，还有助于降低教育成本。

（二）平台架构设计

1.前端界面

前端界面是用户与平台互动的入口，要简洁直观、易于操作，支持多设备访问，包括 PC 端、平板和手机，以满足不同用户的需求。

2.后台系统

后台系统是整个平台的核心，包括数据库、服务器、系统管理等，需要具备较高水平的数据存储和检索能力，确保平台的稳定性和可靠性。

3.用户权限管理

用户权限管理即建设一个灵活且安全的用户权限管理系统，使不同用户（如教师、学生、管理员等）拥有适当的权限，以保证平台的安全性和合规性。

（三）功能模块设计

1.资源上传与管理

教师可以上传各类教学资源，包括课件、视频、题库等。平台要具备便捷的资源管理功能，支持资源的分类、标签、搜索等操作，确保资源的有序管理。

2.课程设计与发布

教师可以通过平台设计、发布课程。平台应提供课程设计的模板和工具，支持多媒体元素的插入，以便教师设计富有新意的课程内容。

3.学生互动与评价

支持学生在平台上进行互动，包括讨论、在线答疑等。同时，平台应具备让学生评价教学资源和课程的功能，以便为教学提供反馈。

4.数据分析与报告

平台需要提供数据分析工具，帮助教师和管理员深入了解学生的学习情况、教学资源的使用情况等；生成报告和图表，为教学决策提供数据支持。

（四）实施策略

1.项目规划与团队建设

在教学资源整合平台项目启动前，管理人员应进行详细的规划，包括需求分析、项目周期、人员配置等。组建专业的团队，包括开发人员、测试人员、项目管理人员等。

2.师生培训与支持

为使用平台的教师和学生提供培训和支持，确保他们熟练掌握平台的使用方法；提供在线帮助和咨询服务，及时解决教师和学生在使用过程中遇到的问题。

3.渐进式推广

采用渐进式推广策略，先在一部分学院或专业进行试点，然后根据反馈和经验逐步扩大范围。确保平台的稳定性和用户的满意度。

4.定期更新与改进

持续对平台进行更新和改进，根据用户的反馈以及教育技术的发展趋势，不断提升平台的性能，确保平台始终保持领先水平。

教学资源整合平台建设不仅是一项技术工程，更是对教育理念和教育方法的创新。高校应充分利用现代技术手段，打破传统教学的时空限制，提供更灵活、多样化的教学资源，为学生创造更加开放的学习环境。同时，高校应积极面对各种挑战，确保平台的安全性和可持续性，为平台建设提供必要的保障。未来，随着科技的不断发展和教育理念的完善，教学资源整合平台将在教育领域发挥越来越重要的作用。

二、共享机制与协同开发

随着信息技术的不断发展，共享机制与协同开发在各个领域都成了推动创新和提高效率的关键因素。在科技、商业、教育等领域，人们逐渐意识到，通过资源共享和协同开发可以最大限度地实现资源的价值。下面将分析共享机制与协同开发的概念、意义、应用领域，同时探讨共享机制与协同开发的未来发展方向及面临的挑战：

（一）共享机制与协同开发的概念

1.共享机制

共享机制是指一种将资源、信息或服务交给多个用户或参与者使用的机制。可共享的资源包括物质资源、知识资源、软件资源等。可以通过建立共享平台、采用开放式协议等方式形成共享机制。

2.协同开发

协同开发是指多个个体或团队在一个项目或任务中协同合作，努力达到共同的目标。协同开发强调多方的协同与合作，通过有效的沟通、资源共享和分工合作来实现更高效、更具创意的开发过程。

（二）共享机制与协同开发的意义

1.提高资源利用率

共享机制能够将资源的利用率最大化。将资源共享给多个用户或参与者，可以避免资源的浪费和重复建设，提高资源的利用率。

2.促进创新和协同合作

协同开发为不同领域的专业人士提供了平台，使他们能够集思广益、共同协作，从而促进创新和协同合作。不同领域的专业知识可以相互交叉，形成综合性、创新性更强的解决方案。

3.降低成本

共享机制与协同开发可以降低成本。通过共享资源，个体或组织无须独立投入大量资金进行开发或研究，这降低了投入成本。

4.促进知识共享和学习

共享机制与协同开发有助于知识的共享和学习。通过参与协同开发，个体或组织能够学到其他人的经验和专业知识，促进知识的共享。

（三）共享机制与协同开发的主要应用领域

1.教育领域

协同开发在教育领域也得到了广泛应用。教师可以通过共享教学资源、教学方法，获得更好的教学效果。同时，学生在协同学习中能够共同合作，提高学习效率。

2.科研领域

在科研领域，共享研究数据、实验设备等资源，能够促进科研人员之间的协同研究，加速科研项目的进程。

（四）共享机制与协同开发的未来发展方向

1.区块链技术的应用

区块链技术的去中心化、不可篡改的特征为共享机制与协同开发提供了更安全和可靠的基础。高校借助区块链技术，可以建立更加透明和高效的教学资源共享机制。

2.人工智能的融合

人工智能的融合将为共享机制与协同开发带来更多可能性。借助人工智能算法，可以更智能地分析和处理共享资源，提高协同开发的效率。

3.跨领域的协同

未来的协同开发将更注重跨领域合作，不同领域的专业人士紧密地协同工作，能够带来更多创新的可能性，使不同领域之间的合作成果不断涌现。

（五）共享机制与协同开发面临的挑战

1.知识产权问题

共享机制与协同开发涉及资源和知识的共享，因此知识产权问题成了一大挑战。要想在实现资源共享的同时保护创作者的权益，需要建立完善的法律和技术机制，以确保权利人的成果得到合理保护。

2.数据安全与隐私问题

随着共享机制的发展，个人和机构之间的数据交换变得更加频繁，因此数据安全和隐私问题也是一大挑战。共享的数据可能包含敏感信息，需要采取安全措施，防止数据泄露和滥用。

3.信息不对称问题

在协同开发中，不同参与者的信息获取渠道和专业水平可能存在差异，导致信息不对称，从而影响到协同的效率和质量。解决这一问题需要建立有效的沟通和协作机制，确保信息能够得到充分共享。

4.技术标准和互操作性差异问题

不同系统、平台和工具之间在技术标准和互操作性上存在差异，这可能阻碍协同开发的顺利进行。制定统一的技术标准，提升系统之间的互操作性，是一个亟待解决的问题。

共享机制与协同开发作为推动教学资源创新和提高其利用效率的重要途径，已经在教育领域展现了巨大的潜力。建立更加健全的法律和技术体系，实现更安全、更高效的共享与协同，是推动共享机制与协同开发不断发展的努力方向。未来，随着科技的发展和社会的进步，共享机制与协同开发将继续在全球范围内发挥着重要的作用。

三、数据在教学资源整合与共享中的角色

在当今数字化时代，数据被认为是一种宝贵的资源，有着巨大的潜力和价值。数据的合理整合和有效利用对于各行各业都至关重要。本部分主要介绍数据的定义和特性，分析数据对教学资源整合与共享的意义，以及数据整合的关键技术和方法，论述数据在教学资源整合与共享中面临的挑战及发展趋势。

（一）数据的定义和特性

1.数据的定义

数据是对现实世界事物的描述，是对事实、观察或记录的表达。数据的形式包括数字、文字、图形等。

2.数据的特性

多样性：数据包括结构化数据（数据库中的表格数据）、半结构化数据（XML文档、JSON 文档等）、非结构化数据（文本、图像、音频等），具有多样的表达形式。

实时性：部分数据需要实时更新，以反映当前的状态，如传感器数据、社交媒体实时评论数据等。

体量庞大：随着互联网的发展，数据量呈爆炸式增长。大数据时代，数据的体量往往非常庞大。

（二）数据整合的关键系统和整合方法

1.数据整合的关键系统

（1）数据仓库

数据仓库是一个集中存储和管理数据的系统，它整合了来自不同数据源的数据，提供了一种集中式的数据管理和查询平台，支持复杂的数据分析和报告生成。

（2）数据湖

数据湖是一种存储所有类型和格式的原始数据的系统，提供了一个灵活的存储和分析平台。数据湖的出现使得更多不同格式和结构的数据可以在一个存储库中整合起来，以满足更灵活的数据分析需求。

2.数据整合的方法

（1）数据抽取、转换与加载（ETL）

ETL 是数据仓库中常用的一种数据整合方法，通过抽取数据源、进行数据转换，最后加载到目标系统中，实现不同数据源的整合。

（2）应用程序编程接口（API）

API 是一种可实现不同软件应用之间的数据交互的技术。通过定义良好的API，不同系统可以进行数据共享和整合，实现系统之间的协同工作。

（3）数据虚拟化

数据虚拟化是一种整合数据的方法，通过在不同数据源之间建立虚拟视图，实现对数据的统一访问。这种方法降低了数据的复杂性和整合成本。

（三）数据对教学资源整合与共享的意义

1.实现全局视图

数据整合可以将分散在不同系统、部门中的数据整合为一个全局视图，有助于高校更好地理解整个资源利用过程运作的情况，支持决策和规划。

2.提高数据质量

通过整合数据，高校可以对数据进行清洗、去重和标准化处理，提高数据的质量。高质量的数据对于提高分析和决策的准确性至关重要。

3.实现跨系统协同

在高校内部，往往存在各种不同的系统和应用，数据整合可以实现这些系统之间的协同，促进信息流通和业务流程的协同。

（四）数据在教学资源整合与共享中面临的挑战

1.数据质量问题

不同系统和数据源的数据质量可能存在差异，出现不一致、不准确、缺失等问题。数据整合过程中需要解决这些数据质量方面的问题，保证整合后的数据是可信的。

2.数据安全与隐私问题

在整合数据的同时，需要保证数据的安全性，注意隐私问题。如果涉及敏感信息的整合，需要建立强有力的安全机制，防止数据泄露或被非法访问。

3.数据标准化问题

不同系统和应用使用的数据格式和标准可能存在差异，高校需要解决数据标准化问题，以确保整合后的数据能够被正确理解和使用。

4.技术复杂性问题

随着数据量的增加，数据整合过程出现技术复杂性问题的频率也越来越高。选择适当的技术工具和平台，确保数据整合的效率和准确性，是解决这一问题的关键途径。

（五）数据在教学资源整合与共享中的发展趋势

1.人工智能和机器学习技术的应用

随着人工智能和机器学习技术的发展，未来的数据整合将更加智能化。机器学习算法可用于自动发现、识别关联，从而更好地实现数据整合和分析。

2.边缘计算和物联网的整合

边缘计算和物联网的兴起将导致边缘设备产生更多的数据。数据整合不再仅仅涉及中心化的数据仓库，还需要更好地支持边缘数据的整合和分析。

3.区块链技术的应用

区块链技术的去中心化和不可篡改的特性为数据整合提供了更安全和可靠的基础。未来，区块链技术可以在数据整合领域发挥更大的作用。

4.注重数据治理和合规性

随着个人隐私和数据安全得到越来越多的关注，未来，数据整合将更加注重数据治理和合规性。高校可建立健全数据管理和监管机制，保证数据整合过程合规和可追溯。

5.自助服务数据整合模式的应用

未来，数据整合可能趋向于自助服务。教师和学生能更加独立地进行数据整合和分析，而不仅仅依赖于专业的数据整合团队。

总之，数据在教学资源整合与共享中扮演着重要角色，对于高校教育管理的决策、创新和发展具有重要意义。合理利用数据整合的技术和方法，可以将来自不同系统的数据整合为有意义的信息，支持管理者作出更科学的业务决策。随着技术的不断发展和应用领域的拓展，数据整合将在未来继续发挥关键作用，推动各行各业朝着更加智能、协同和可持续的方向发展。

第二节　大数据支持的教学评估模型
与教学质量反馈

一、大数据支持的教学评估模型

随着大数据技术的迅猛发展，教育领域开始利用大数据来进行教学评估。大数据在教学评估中的应用为教育工作者提供了更全面、更客观的数据基础，有利于教学质量的提升和个性化学习的实现。本部分将深入探讨大数据支持的教学评估模型的定义、意义、主要特点、应用场景以及发展趋势。

（一）大数据支持的教学评估模型的定义

1.教学评估模型

教学评估模型是一种用于衡量和评价教学效果的框架或方法。传统的教学评估模型主要依赖于问卷调查、观察和定期考试等方式，局限性在于数据获取方式单一，评估结果容易受到主观因素的影响。

2.大数据支持的教学评估模型

大数据支持的教学评估模型是指基于大规模、多源、实时的教育数据进行教学评估的一种模型，涉及的数据包括学生学习行为、课程资源利用情况、社交互动数据等多方面的信息，通过大数据技术对这些信息进行分析和挖掘，能为教学效果的评估提供更准确的数据支持。

（二）大数据支持的教学评估模型的意义

1.提供客观的评估数据

大数据支持的教学评估模型通过收集大量的学生学习数据，为教学评估提供更客观、真实的数据，有助于教育工作者更准确地了解教学过程中出现的问题，为教学改进提供依据。

2.个性化学习支持

通过分析学生的学习行为和表现等数据，大数据支持的教学评估模型可以为每个学生提供个性化的学习支持。教育工作者可以依据大数据支持的教学评估模型所给出的评估结果，根据学生的学习风格、进度和需求，调整教学策略，提高学生的学习效率。

3.实时监测和调整

大数据支持的教学评估模型具有实时性，能够实时监测学生的学习行为和教学效果，帮助教育工作者及时调整教学策略，进行有针对性的改进，增强教学的灵活性和针对性。

4.优化教学资源分配

通过分析学生对不同教学资源的利用情况，大数据支持的教学评估模型可以帮助高校优化教学资源的分配，这有助于提高教学资源的利用效率，满足不同层次学生的需求。

5.教学质量的可量化评估

大数据支持的教学评估模型可以对教学质量进行更为精确的、可量化的评估。通过对大量的学生学习数据进行统计和分析，可以得到更准确的评估结果，帮助教育管理者明确发展方向。

（三）大数据支持的教学评估模型的主要特点

1.多维度数据分析

大数据支持的教学评估模型不仅关注学生的学术表现，还涵盖学生的学习行为、社交互动、资源利用等多个维度的内容。这种多维度的数据分析使得教学评估更全面。

2.实时性

大数据支持的教学评估模型具有实时性，能及时获取学生的学习数据。这有助于教师实时监测学生的学习情况，及时调整教学策略，提高教学效果。

3.个性化学习支持

大数据支持的教学评估模型可以提供个性化的学习支持。通过分析学生的学习行为和表现，教师可以了解每个学生的学习特点和需求，为其提供定制化的学习建议、资源推荐等，进而提高学生的学习效果，让学生获得更好的学习体验。

4.预测性分析

大数据支持的教学评估模型具备一定的预测性。模型通过对历史学习数据的分析，可以预测学生未来的学习趋势、可能遇到的问题以及潜在的进步方向，这使教育工作者能够提前调整教学策略，为学生提供个性化指导。

5.数据可视化

大数据支持的教学评估模型通常采用数据可视化的方式呈现评估结果。通过图表、图形等形式直观地展示学生的学习情况和教学效果，使教育工作者能够更容易地理解和应用评估结果。

（四）大数据支持的教学评估模型的应用场景

1.个性化学习路径设计

大数据支持的教学评估模型可以根据学生的学习数据，为每个学生设计个性化的学习路径。通过分析学生的专业偏好、学习速度、知识掌握程度等信息，模型可以为学生提供更合适的学习资源和任务，提高学生的学习效果。

2.实时教学调整

大数据支持的教学评估模型的实时性使得教育工作者能够在教学过程中实时调整教学策略。通过监测学生的学习行为和表现，教育工作者可以迅速识别问题、调整教学策略，以更好地满足学生的学习需求。

3.问题干预与学习支持

大数据支持的教学评估模型可以识别出可能存在学习问题的学生。教育工作者一旦发现学生的学习状态异常或出现学习动力下降趋势，可以及时对学生进行干预，提供有针对性的学习支持和帮助，解决学生在学业和生活上遇到的问题。

4.教学资源优化

通过分析学生对不同教学资源的使用情况，大数据支持的教学评估模型可以帮助高校优化教学资源，提高资源的利用效率，使得学生更倾向于使用高质量的教学资源。

5.教学效果评估

大数据支持的教学评估模型能够更全面、客观地评估教学效果。通过分析学生的学科成绩、课堂参与度、课程完成度等数据，模型可以为高校提供更精准的教学质量评估，为教师进一步改进教学策略提供有效参考。

（五）大数据支持的教学评估模型的发展趋势

1.深度学习技术的应用

未来，深度学习技术在大数据支持的教学评估模型中的应用将更加广泛。深度学习技术能够处理更复杂的数据关系，挖掘更深层次的数据特征，提高模型的预测能力和分析能力。

2.教学数据标准化

为了更好地实现不同高校、教育工作者之间的合作，教学数据的标准化将成为未来的发展趋势。建立共同的数据标准和分析框架可以实现跨学校、跨学院、跨专业的数据共享与合作，使得教学评估结果更具普适性和可比性。

3.强调学生参与和反馈

未来，大数据支持的教学评估模型将更强调学生的参与和反馈。通过收集学生的自我评价、学习体验反馈等信息，模型可以更全面地了解学生的感受和需求，为教师改进教学策略提供更加丰富的信息。

4.跨平台数据整合

高校使用的教学平台多种多样，未来的趋势将是实现跨平台数据的整合。跨平台数据整合有助于高校全面了解学生在不同平台上的学习情况，为教师给学生设计更具综合性的个性化学习路径提供支持。

5.智能化辅助决策

未来，大数据支持的教学评估模型将更加智能化，能够为教育工作者提供更精准的辅助决策。通过机器学习算法整合多维度的数据，模型可以自动分析、识别问题，并提供有针对性的建议，使高校的教学管理更科学。

6.面向全球化的教学评估

随着在线教育的普及，大数据支持的教学评估模型将越来越面向全球化。不同国家和地区的教育系统存在差异，但通过数据的国际标准化与共享，可以实现全球范围内的教学评估，促进全球教育的发展。

7.隐私保护与伦理规范

随着社会对个人隐私保护意识的增强，未来的大数据支持的教学评估模型将更加注重隐私保护与伦理规范。高校要建立健全隐私保护政策，确保学生的个人信息得到妥善保护，同时保持数据分析的合法性。

总之，大数据支持的教学评估模型为教育领域带来了革命性的变化。通过对多来源、多维度的数据进行分析，模型不仅提供了更客观、更全面的教学评估方式，还支持个性化学习等多个方面的教育创新。未来，随着技术的不断发展，大数据支持的教学评估模型将继续发挥重要作用，为提高教育质量、促进学生发展提供更加精准的支持。同时，在全球范围内，大数据支持的教学评估模型将推动教育的全面进步，为各国、各地区的学生带来更优质、更个性化的学习体验。

二、教学质量反馈

教学质量是教育工作的核心要素之一，直接关系到学生的学习效果和高校的声誉。为了不断提高教学质量，高校需要建立有效的反馈机制，并采取相应的改进策略。本部分将探讨教学质量反馈的定义、意义、主要形式，在此基础上提出教学质量改进策略，旨在为教育工作者提供有益的参考。

（一）教学质量反馈的定义和意义

1.教学质量反馈的定义

教学质量反馈是指教师通过各种手段和渠道，收集学生、同行、上级、自我等多方面的信息，对教学过程和效果进行评价和反馈的过程，包括学生评价与调查、同行评审、教学观摩、自我评估等多种形式。

2.教学质量反馈的意义

（1）提高教学效果

通过教学质量反馈，教育工作者可以更清晰地了解自己的教学效果，及时调整教学方法，提高学生的学习效率，进而提高教学效果。

（2）满足学生需求

学生是教学的主体，他们的反馈是教师对自身教学方式进行改进的重要依据。教师通过听取学生的反馈意见，可以更好地满足学生的学习需求，提升教学的针对性。

（3）促进教师专业发展

教学质量反馈有助于教师了解自己的教学优势和不足，促进教师的专业发展，提高其教学水平。

（4）提升高校声誉

高校通过关注教学质量，接受外部评估和反馈，可以提升自身的声誉和吸引力，吸引更多学生和资金投入。

（二）教学质量反馈的主要形式

1.学生评价与调查

学生评价与调查是最直接的反馈形式之一。通过匿名或非匿名的方式，学生可以针对教学内容、教学方法、教师的教学态度等提出意见和建议。学生评价与调查是教学质量反馈中最关键的环节。

2.同行评审

同行评审是邀请其他教育工作者对教学过程进行评估。其他教育工作者包括同级教师、学科专家或外部评审专家。同行评审有助于提供专业的、客观的反馈，促使教师进行深入的自我反思。

3.教学观摩

教学观摩是一种教学质量反馈活动，教师可以邀请其他教育工作者或同事到课堂上进行教学观摩。通过教学观摩，教师可以收集来自专业人士的实时反馈，从而发现自己的不足之处。

4.自我评估

自我评估是教师对自己的教学过程进行主动反思和评价的过程。通过制定教学目标、回顾教学活动、分析学生成绩等步骤，教师可以形成对自己教学水平的全面认知。

（三）教学质量改进策略

1.建立开放的沟通渠道

建立开放的沟通渠道是改进教学质量的首要步骤。高校可以设立专门的沟通平台，鼓励学生、教师、外部专家等教学相关人员进行积极的沟通，分享观点和建议。

2.定期组织教学评估活动

定期组织教学评估活动是改进教学质量的有效手段。高校可以编制每学期、每学年的评估计划，运用学生评价、同行评审、教学观摩等多种形式，确保全面、系统地获取反馈信息。

3.引入外部评估机制

引入外部评估机制可以提供更客观、公正的反馈。通过邀请外部专业评估团队，对教学过程和效果进行评估，可以获得来自行业专家的专业意见，改进教学质量。

4.制订个性化的教学发展计划

高校可以根据不同教师的教学反馈情况，制订个性化的教学发展计划。通过设定明确的目标和计划，帮助教师优化教学方法，提高教学质量。

5.提供专业培训和支持

为教师提供专业培训和支持是教学质量改进的关键环节。培训可以包括教学方法运用、课程设计、教学技术应用等方面的内容。通过定期的专业培训，教师可以更新教学理念，学习新的教学方法，提升自己的教学水平。

6.鼓励创新和实践

高校应该鼓励教师在教学中进行创新和实践，为教师提供创新的空间和资源，支持教师尝试新的教学方法和技术，促使教学过程更加生动、有趣，提高学生的参与度，提高学习效果。

7.关注学生反馈并及时调整

学生反馈是改进教学质量的关键因素。高校应建立及时、有效的学生反馈机制，通过问卷调查、小组讨论等方式听取学生的意见和建议。同时，教师应针对学生反馈的问题及时作出调整，回应学生的要求，提升教学满意度。

8.制定奖励机制，激励教学优秀者

为鼓励教学优秀者，高校可以制定奖励机制。例如，设立教学质量奖项，定期评选出表现优秀的教师，给予一定的奖励，以激发教师的积极性和创造性。

9.制定长期规划和战略

高校需要制定长期的教学规划和战略，明确教学目标和发展方向。明确的发展计划可以推动高校在教学质量方面实现长足的进步，提高整体实力。

10.加强教学资源的管理与优化

高校应加强对教学资源的管理与优化。保证教学资源充足，包括教材、设备、技术支持等，以提供更好的教学条件。同时，通过不断优化教学资源的配置，提高教学资源的利用效率，满足教师的教学需求和学生多样化的学习需求。

总之，教学质量反馈与改进是教育管理体系的重要组成部分，对于提高教师教学水平、满足学生需求、推动高校发展至关重要。通过建立多元化的反馈机制，引入创新的评估方式，高校能更全面地了解教学过程和效果，为教育工作者提供精准的改进建议。

未来，随着技术的不断进步和社会的发展，教学质量反馈与改进将朝着更加智能的方向发展。高校要不断更新教学反馈体系，不断改进教学质量，以适应时代发展的要求，提供更优质的教育服务。通过全员参与、数据驱动的教学管理方式，高校能更好地应对未来的挑战，实现教育管理的可持续发展。

第三节　数据驱动的教学过程优化
与个性化辅导系统建设

一、数据驱动的教学过程优化

随着信息技术的不断发展，大数据技术的广泛应用逐渐成为教育领域的重要趋势。数据驱动教学过程优化有利于高校利用大数据分析技术，深度挖掘教学过程中产生的数据，优化教学活动，这在推动教育管理发展中具有重要意义。本部分主要探讨数据驱动的教学过程优化的定义、核心要素、意义、实践策略以及面临的挑战，为教育工作者深入了解数据驱动的教学过程优化提供参考。

（一）数据驱动教学过程优化的定义及核心要素

1.定义

数据驱动教学过程优化是指在教学实践中运用大数据分析技术，通过收集、整理、分析教学过程中产生的多维数据，以科学的方式指导和优化教学活动，提升教师的教学效果和学生的学习体验的过程。

2.核心要素

（1）数据收集

收集教学过程中产生的多样化数据，包括学生参与度、学生学习行为、学生作业表现等信息。

（2）数据分析

运用大数据分析技术，对收集到的数据进行深度分析，挖掘教学过程中的规律和各个教学步骤之间的关联。

（3）决策制定

基于数据分析的结果，制定教学决策，调整教学策略，实现教学过程的优化。

（4）实践优化

在实际教学中应用数据驱动的决策，推动教学过程创新，实现教学效果的不断提高。

（二）数据驱动教学过程优化的意义

1.提供个性化学习支持

数据驱动教学过程优化可以为每个学生提供更个性化的学习支持。通过分析学生的课程成绩、学习习惯等数据，教师可以调整教学内容和方法，使每个学生在更适合自己的教学环境中学习。

2.提升教学效果

对教学过程中产生的多维数据进行分析，有助于高校更全面地评估教学效果。高校可以根据数据分析的结果及时发现问题，调整教学策略，提高整体教学质量。

3.教学决策科学化

数据驱动的教学过程优化使得教学决策科学化。教育管理者可以根据数据分析的结果，制定更准确、有效的教学决策，科学合理地配置教学资源，提升整体教学水平。

4.优化教学资源

通过深度分析教学过程中的数据，高校可以更好地管理和优化教学资源。高校可根据学生的学习需求、学习习惯等，有针对性地配置教材、课程和其他学习资源，提高资源利用效率，实现资源的优化配置。

5.提升教育体验

数据驱动教学过程优化有助于提升学生和教师的教育体验。学生能够在更符合个人需求的学习环境中成长，教师可以更有针对性地指导学生，实现教学的个性化和人性化。

（三）数据驱动教学过程优化的实践策略

1.设定明确的教学目标

在进行数据驱动教学过程优化之前，需要设定明确的教学目标。明确的教学目标有助于确定需要收集的数据类型和分析方向，保证数据收集和分析的过程与教学目标一致。

2.选择合适的数据源和工具

选择合适的数据源和数据分析工具是数据驱动教学过程优化的关键一步。数据源包括学生参与度、学生学习行为、在线学习平台的活动数据等。数据分析工具包括数据分析软件、机器学习算法等，应根据实际情况进行选择。

3.建立数据收集和管理系统

建立高效的数据收集和管理系统是数据驱动教学过程优化的基础。高校可利用现代化的信息技术手段建立学生信息系统、教学数据仓库等，确保数据准确、完整和安全。

4.进行数据分析与挖掘

进行数据分析与挖掘是数据驱动教学过程优化的核心步骤。通过数据分析，教育工作者可以发现教学过程中的规律，深入挖掘数据中的信息，为教学过程的优化提供依据。

5.制订个性化教学计划

基于数据分析的结果，制定个性化教学计划是数据驱动教学过程优化的关键环节。根据学生的学习习惯等个体差异，教师可以调整教学内容和方法，使每个学生都能在适合自己的教学环境中更好地学习。

6.实时进行教学调整

数据驱动教学过程优化强调实时进行教学调整，即结合实时产生的数据进行即时的教学改进。教育工作者可以在教学过程中获取学生的反馈、参与度等数据，及时调整教学策略，增强教学的灵活性和针对性。

7.引入教学反馈机制

为了更好地发挥数据驱动教学过程优化的作用，引入教学反馈机制是必要的。高校应在学生与教师之间建立双向反馈渠道，通过问卷调查、小组讨论等形式，及时收集学生对教学的意见和建议，为教学过程的持续改进提供参考。

8.为教育工作者提供培训

在实施数据驱动教学过程优化之前，需要为教育工作者提供相关的培训，包括数据分析技能、教学方法设计、教育技术应用等方面的培训，以提高教育工作者的数据素养和创新能力。

9.关注隐私和伦理问题

在数据驱动教学过程优化的过程中，学生隐私和伦理问题至关重要。高校要建立健全隐私保护政策，确保学生个人信息的安全性，同时遵循社会伦理，保证教学过程合乎道德规范。

10.进行评估和改进

定期进行评估和改进能够实现数据驱动教学过程优化的良性循环。通过分析、收集教学过程中的数据，教师可进行效果评估，找出问题和不足，并制定改进策略，实现教学过程的持续优化。

（四）数据驱动教学过程优化面临的挑战

1.数据安全与隐私保护问题

数据安全与隐私保护一直是数据驱动教学过程优化中的重要问题。高校应采用先进的技术，建立完善的隐私保护机制，确保学生和教师的个人信息不被滥用和泄露。

2.师资队伍培训不足

许多教育工作者在数据分析和教学优化方面所受的培训不足，这成为数据驱动教学过程优化面临的一大挑战。高校可以通过开设培训课程、组织研讨会等方式提高师资队伍的相关能力。

3.基础设施不足

一些高校的基础设施可能不足以支撑大规模的数据收集和分析工作。解决这一问题需要高校投入资金改善硬件设备和网络环境，确保数据驱动教学过程优化的顺利进行。

4.数据分析专业人才短缺

当前，教育领域对数据分析专业人才的需求越来越大，但许多高校数据专业人才短缺问题依然存在。为解决这一问题，高校可以与相关领域的研究机构合作，共同培养数据分析专业人才。同时，高校可引入外部专业团队，提供专业的数据分析服务和支持。

5.专业差异和个体差异

不同专业和不同学生个体之间存在差异，这给数据驱动教学过程优化带来了不小的挑战。高校需要采用灵活的数据分析方法，考虑专业特点和个体差异，制定更具有针对性的教学策略。

6.教学质量评估指标不够科学

确定科学有效的教学质量评估指标是一个复杂的问题。高校需要综合考虑专业知识、学生能力、创新思维等多方面的因素，建立科学合理的教学质量评估指标体系，以确保评估结果具有说服力和可操作性。

总之，数据驱动教学过程优化是教育领域适应信息化时代发展的必然趋势。通过充分利用大数据分析技术，高校能更全面、深入地了解教学过程，实现教学过程的个性化、科学化。然而，面对挑战，高校需要采取有效的措施，比如建立健全数据安全和隐私保护机制、加强师资队伍培训、完善基础设施等。只有通过全面而科学的实践，数据驱动教学过程优化才能为学生提供更优质的教育服务，促进教育事业的可持续发展。未来，随着技术的不断发展和教育理念的不断完善，数据驱动教学过程优化将更深入地融入教育实践，推动高校教育的不断创新与发展。

二、个性化辅导系统建设

在现代教育环境中，每个学生都有独特的学习风格、需求和潜力。为了更好地满足学生的个性化学习需求，建设个性化辅导系统成为教育领域的重要任务。本部分从个性化辅导系统的定义及核心要素入手，深入探讨个性化辅导系统建设的意义、关键因素、实践策略，以期为高校教育工作者提供指导。

（一）个性化辅导系统的定义及核心要素

1.定义

个性化辅导系统是一种利用先进的信息技术手段，通过收集、分析学生的学习数据，为每位学生提供定制化的学习体验和学习支持的系统。这一系统致力于理解和满足学生的个体差异，以更有效地提高学生的学习效果，促进学生的全面发展。

2.核心要素

（1）学习数据收集

通过各种方式收集学生的学习数据，包括课程成绩、学习行为、兴趣爱好、学习习惯等。

（2）数据分析与挖掘

运用数据分析技术，深入挖掘学生学习数据反映的规律和联系，为个性化辅导提供依据。

（3）个性化内容提供

结合学生的学习需求和特点，提供定制化的学习内容，包括教材、作业、测验等。

（4）实时反馈与调整

提供实时的学习反馈，帮助学生了解自己的学习状态，同时调整辅导策略以更好地适应学生的发展变化。

（二）个性化辅导系统建设的意义

1.适应个体差异

每个学生都有独特的学习方式，传统教学难以充分适应学生的个体差异。个性化辅导系统通过个性化的学习路径设计和资源推荐，能更好地满足不同学生的学习需求，提升学生学习的针对性和学习效果。

2.激发学习兴趣

通过分析学生的兴趣爱好和专业潜能，个性化辅导系统可以为学生提供更具吸引力的学习内容，这有助于激发学生的学习兴趣，提高他们的学习动力和积极性。

3.促进自主学习

个性化辅导系统注重培养学生的自主学习能力，能为学生提供个性化的学习资源和任务，激发他们的学习主动性，培养其自主学习的习惯和能力。

4.提高学习效率

在传统教学模式中，教师需要照顾整个班级的学生，难以深入了解每个学生的学习状态。个性化辅导系统可以根据学生的实际情况提供有针对性的辅导，提高学习效率，使学生在更短的时间内取得更好的学业成绩。

5.适应快速变化的专业知识

某些专业知识更新迅速，传统的教材和教学方法可能跟不上知识的更新速度。个性化辅导系统可以根据专业知识的更新情况及时调整学习内容，确保学生学到的知识始终具有实用性和前瞻性。

（三）个性化辅导系统建设的关键因素

1.数据收集与分析

个性化辅导系统的核心在于准确收集和深度分析学生的学习数据，系统能够获取学生的课程成绩、学习行为、兴趣爱好等多方面的数据，并通过先进的数据分析技术挖掘出隐藏在数据背后的信息，为个性化辅导提供有力支持。

2.学习路径设计

基于数据分析的结果，个性化辅导系统需要设计个性化的学习路径，比如确定课程的难易程度、选择和推荐学习资源以及设置学习任务等。合理的学习路径设计是个性化辅导系统发挥作用的关键因素。

3.人工智能技术

人工智能技术在个性化辅导系统中发挥着重要作用。通过机器学习算法，系统能够不断优化个性化推荐和辅导策略，提高系统智能化水平。人工智能技术的应用需要充分考虑系统的实时性和准确性。

4.实时反馈机制

个性化辅导系统需要建立实时反馈机制，及时反馈学生的学习状态、进度和成绩，帮助他们更好地掌握学习进程。同时，系统需要结合学生的反馈动态调整个性化辅导策略，以更好地适应学生的需求变化。

5.教育内容多样性

为了提供真正个性化的学习体验，个性化辅导系统需要具备丰富多样的教育内容，包括不同难度的专业知识、各种形式的学习资源、丰富的实践活动等。系统应能够根据学生的兴趣和能力，为其提供个性化的内容。

6.科技硬件和网络支持

个性化辅导系统的建设离不开先进的科技硬件和稳定的网络支持。系统需要具备高性能的服务器、智能终端设备，以保证数据处理和传输的流畅性。同时，网络的稳定性对于学生能够随时随地获取个性化辅导至关重要。

7.隐私保护机制

在收集和使用学生个体数据时，必须建立完善的隐私保护机制。保护学生个体的隐私，合法合规地处理个人信息是个性化辅导系统建设的一项重要任务。系统应明确规定数据的收集和使用范围，采取有效措施保证学生的隐私安全。

8.教育法规

个性化辅导系统的建设必须遵循教育法规和政策，确保系统的合法性和合规性。系统应当配合学校和政府的教育管理，不得违反相关法律法规，确保个性化辅导在相关法律法规的框架内进行。

（四）个性化辅导系统建设的实践策略

1.制定明确的建设目标和评价指标

在个性化辅导系统建设初期，必须明确系统的建设目标和评价指标。明确的目标有助于确定系统的功能和特性，评价指标则是对系统性能和效果的客观评价标准，明确的评价指标有利于后续工作的开展。

2.充分调研学生需求

在个性化辅导系统建设之前，进行广泛而深入的学生需求调研是至关重要的。了解学生的学习习惯、兴趣爱好、课程偏好等信息，有助于系统更好地满足学生的个性化需求。

3.采用先进的技术手段

个性化辅导系统的建设需要借助先进的技术手段，特别是人工智能、大数据分析等技术。通过引入先进技术，系统可以更智能、更精确地为学生提供个性化辅导服务。

4.强化师资队伍培训

个性化辅导系统建设不仅涉及技术问题，也涉及师资队伍的应用能力。系统上线前，专业人员需要为教师提供相关培训，帮助其熟练掌握系统的操作技巧和辅导策略。

5.定期评估和改进

系统上线后，需要定期进行评估和改进。通过收集用户反馈、学生成绩、系统使用情况等数据，评估系统的性能和实际效果，并及时调整系统的功能，保持系统的持续优化。

总之，个性化辅导系统的建设是教育信息化发展的重要方向，有助于更好地满足学生的个性化学习需求，提高教学效果。在系统的建设过程中，高校需要充分考虑学生的个体差异、隐私保护等方面的问题并采取相应的实践策略。未来，个性化辅导系统有望为教育领域带来更多变化。

第五章　大数据背景下
高校在线课程设计

在大数据背景下，以智能设备为载体，改进教学和管理方式，是高校教学工作的重要组成部分。近年来，我国部分高校对教学管理改革进行了探索，并取得了一定的成效。例如，对在线课程进行开发与应用，提升了高校教学工作的质量，增强了高校教学工作的科学性与实效性。本章从大数据背景下高校在线课程设计相关理论入手，以微课和慕课这两种主要的在线课程为例，探索微课和慕课的课程设计理论，并深入探讨大数据背景下微课和慕课的发展趋势，从而为高校教育工作者提供参考。

第一节　大数据背景下高校
在线课程设计相关理论

一、在线课程设计工具与平台

大数据背景下，随着信息技术的迅猛发展，在线教育已经成为现代教育领域的重要组成部分。在线课程设计工具与平台的出现，为高校、教师和学生提供了更加灵活、便捷的教学方式。下面，笔者将分析在线课程设计工具与平台的定义、主要功能，探讨在线课程设计工具与平台应用的意义，以及在线课程设计工具与平台在不同教育领域的应用，并探索在线课程设计工具与平台面临的挑战。

（一）在线课程设计工具与平台的定义

1.在线课程设计工具

在线课程设计工具是指研究人员通过互联网技术，为教育工作者提供的用于创建、编辑、管理和发布在线课程的软件工具。在线课程设计工具通常具有内容创作、资源管理、学习互动等功能，以支持全过程的在线课程设计。

2.在线课程设计平台

在线课程设计平台是指为高校、教师和学生提供在线学习环境的综合性平台。该平台不仅包括课程设计工具，还具有学习管理、学生成绩跟踪、社交互动等多方面的功能，能为用户提供全面的在线学习体验。

（二）在线课程设计工具与平台的主要功能

1.内容创作与编辑

在线课程设计工具通常具备直观的内容创作与编辑功能，使教师能够轻松创建和编辑课程内容，包括文字、图像、音频、视频等。

2.学习管理

学习管理系统是在线课程设计平台的重要组成部分，用于管理学生信息、课程进度、学生成绩等数据，以提供全面的学习管理服务。

3.多媒体支持

在线课程设计工具与平台通常支持多媒体内容的嵌入和播放，包括图像、音频、视频等，丰富了课程的呈现方式。

4.增加师生互动

为了提高学生参与度，在线课程设计平台通常包含各种互动元素，如在线讨论、问答环节、实时投票等，以促进学生与教师之间的互动。

5.实时反馈与评估

在线课程设计工具与平台能够提供实时的学生反馈和评估。教师可以迅速了解学生的学习情况，及时调整教学策略。

6.移动学习支持

为适应移动化学习趋势，在线课程设计平台通常支持学生从移动设备上获得课程资源，从而获得更好的学习体验。

（三）在线课程设计工具与平台应用的意义

1.增强教学灵活性

在线课程设计平台使教师能够更加灵活地创建和调整课程内容，并根据学生的反馈和实时需求进行调整，为教师提供更具个性化的教学体验。

2.打破地域限制

传统教育存在地域限制，学生需要前往特定地点上课。而在线课程设计使学生可以随时随地访问课程内容，打破了地域限制，为学生提供了更多的学习机会。

3.提升学生参与度

在线课程设计平台具有在线讨论、实时问答等功能，能够提升学生的参与度。学生可以在课程中与教师或其他学生进行更积极的互动，提高学习效果。

4.整合多样化教学资源

在线课程设计工具与平台能够整合多样化的教学资源，如文字、图像、音频、视频等，为学生提供更加丰富和多样化的学习体验。

5.实现个性化学习

借助在线课程设计平台，教师能够根据学生的兴趣、水平和学习风格，提供定制化的学习内容和学习路径。

（四）在线课程设计工具与平台在不同教育领域的应用

1.高等教育

在高等教育领域，高校和研究机构广泛使用在线课程设计工具与平台，为学生提供了更灵活的学习方式。

2.基础教育

在线课程设计在基础教育领域也得到了广泛应用，为中小学教师提供了更多的教学资源和工具，促进教学创新。

3.职业教育

职业教育机构利用在线课程设计工具与平台，为学生提供与职业相关的课程，帮助他们获得实用的职业技能和知识。

4.兴趣爱好教育

在线课程设计工具与平台也在支持兴趣爱好教育方面发挥着重要作用。例如，音乐、绘画、编程等领域的在线教育平台提供了丰富多样的课程，能满足学习者的个性化需求。

（五）在线课程设计工具与平台面临的挑战

1.技术标准和互操作性的差异

不同的在线课程设计平台之间在技术标准和互操作性方面存在差异，这可能导致高校在选择在线课程时面临一定的困扰。

2.数据隐私和安全性问题

随着在线课程学习的普及，如何保护用户隐私、确保数据的安全性成为一个重要问题。在线课程设计平台需要采取数据保护措施，确保个人信息的安全。

3.教育不平等问题

在线课程学习可能加剧教育不平等问题，一些学生的学习可能因为缺乏设备、网络或监护人不支持而受到影响。

4.教师培训与支持力度不足

教师在使用新的在线课程设计工具与平台时，需要得到相关的培训和支持。高校需要投入资源，确保教师能够充分发挥在线教育的潜力。

在线课程设计工具与平台的发展为教育领域带来了巨大的变化。它不仅提供了更灵活、便捷的学习方式，也促进了教育的全球化和个性化。未来，随着技术的不断发展和社会需求的不断变化，在线课程设计工具与平台将继续发挥重要作用。

总之，智能技术的应用、虚拟现实与增强现实技术的整合、社交学习的强化等趋势将进一步推动在线教育的发展。然而，随着社会不断发展，在线课程设计也面临着一系列的挑战，应对这些挑战需要社会各界的共同努力，包括政府、研究机构、高校、教师以及社会组织等。

在线课程设计工具与平台的未来发展需要更多地关注学生的个性化需求、教学质量提升、数据隐私保护等问题。借助技术的力量，高校应当努力建设更加开放、民主、包容的在线学习环境，为学生提供更好的学习体验，为教育的可持续发展贡献力量。未来，高校还需要加强国际合作，分享最佳实践成果，共同应对全球性的教育挑战，通过共同努力，更好地利用科技的力量，让教育更加公平，助力个体的成长与社会的进步。

二、教学资源的数字化与在线化

随着信息技术的发展，教育领域也在经历变革。教学资源的数字化与在线化不仅改变了传统的教学方式，也为学生、教师提供了更加灵活、便捷、个性化的学习体验和教学体验。下面，笔者将深入探讨教学资源数字化与在线化的定义、意义、主要特点以及在不同领域的应用：

（一）教学资源数字化与在线化的定义

1.教学资源的数字化

教学资源的数字化是指将传统的教学资源，如教材、课件、试题等，通过数字技术转化为数字形式，以便于存储、传播、管理和利用。数字化使得教学资源可以在电子设备上呈现，并具有更强的交互性和可操作性。

2.教学资源的在线化

教学资源的在线化是指将数字化的教学资源通过互联网等在线平台进行存储、传播和共享。教学资源的在线化不仅能将教学资源的内容用数字化的方式进行呈现，还具有在线互动、社交学习、实时反馈等功能，为学习者提供了全方位的在线学习体验。

（二）教学资源数字化与在线化的意义

1.提高教学效率

教学资源的数字化与在线化，使得教学资源可以随时随地被访问，教师和学生可以更加灵活地获取所需的教学材料，有助于提高教学效率，打破时间和空间的限制。

2.支持个性化学习

教学资源的数字化与在线化，为学生提供了更多个性化学习的机会。学生可以根据自己的学习节奏和兴趣选择教学资源，满足个性化的学习需求。

3.提高教学质量

教学资源的在线化，支持更多的互动和反馈机制，教师可以及时了解学生的学习情况，进行有针对性的教学调整，这有助于提高教学质量，使得教学更具有针对性、更有效果。

4.促进教育创新

教学资源数字化与在线化为教育创新提供了技术支持。教师可以运用多媒体、虚拟实验、在线协作等方式创造更为丰富的教学体验，激发学生的学习兴趣和创造力。

5.促进全球教育资源共享

教学资源的在线化，有利于教学资源在全球范围内的共享。这意味着世界各地的学生和教师可以共享高质量的教学资源，从而促进全球教育的发展。

（三）教学资源数字化与在线化的主要特点

1.多样化的资源形式

数字化与在线化的教学资源形式丰富多样，包括文字、图像、音频、视频等多种形式。这种多样化的资源形式使得学习内容更加生动、有趣，更符合不同学习者的需求。

2.互动性与参与度

在线化的教学资源通常具有更强的互动性，具有在线讨论、实时问答、在线测验等功能，有助于提高学生的参与度，促进学生与教师之间的互动，营造更加积极的学习氛围。

3.灵活性与便捷性

学生和教师可以随时随地通过互联网访问数字化与在线化的教学资源，不再受时间和空间的限制。这种灵活性与便捷性使得学生的学习更加方便，学习方式更加现代化。

4.个性化的学习路径

数字化与在线化教学资源能帮助学生根据个体差异选择适合自己的学习路径。依托智能化的学习系统，教师可根据学生的学习历史和表现，为其推荐更符合其个性需求的教学资源。

5.反馈与评估的实时性

在线化的教学资源支持实时的学生反馈和评估。教师可通过在线工具及时了解学生的学习情况，帮助他们更好地掌握知识，及时纠正学习中出现的问题。

6.多维度的学习体验

数字化与在线化的教学资源可以结合多种媒体形式呈现，为学生提供多维度的学习体验，有助于激发学生的学习兴趣，增强学习的吸引力。

（四）教学资源数字化与在线化在不同领域的应用

1.高等教育

在高等教育领域，数字化与在线化的教学资源被广泛应用于在线课程、远程教学、虚拟实验等方面。学生可以通过网络学习丰富的课程内容，获取全球范围内的学术资源。

2.基础教育

数字化与在线化的教学资源在基础教育中也得到了广泛应用。教师可以利用数字教材、在线习题、教学视频等资源，提供更为多样化的教学方式，满足学生个性化的学习需求。

3.语言学习

数字化与在线化的教学资源在语言学习领域应用较为广泛。学习者可以通过在线语言课程、语音识别软件等工具进行语言学习，随时随地进行语言实践。

4.艺术与创意教育

在艺术与创意教育领域，数字化与在线化的教学资源可以为学生提供多样化的学习材料，包括艺术作品展示、创意工坊等，有利于拓宽学生的艺术视野。

三、在线课程数据分析

随着在线教育的兴起，高校和教师能够通过在线课程平台收集大量的学生学习数据，包括学生的学习行为、作业表现、参与度等，为教学活动提供依据。当前，在线课程数据分析是一项关键任务，对学习数据进行深入分析，可以为教学质量的提升提供有力支持。下面，笔者将论述在线课程数据分析的定义、意义、主要方法、应用场景以及发展趋势：

（一）在线课程数据分析的定义

1.数据分析

数据分析是指通过收集、处理、分析数据，获取信息，从而对现象进行解释的过程。在教育领域，数据分析可以帮助教育工作者更好地理解学生的学习行为，优化教学过程，提高学生的学习效果。

2.在线课程数据分析

在线课程数据分析是指对在线学习平台上产生的学习数据进行系统分析，以揭示学生在课程中的学习情况、行为模式和学习效果。具体表现为对学生参与度、学习进度、知识掌握程度等方面的数据进行综合分析，进而为教师改进教学方式提供科学依据。

（二）在线课程数据分析的意义

1.个性化学习支持

通过分析学生的在线课程学习数据，高校和教师可以更好地了解每个学生的学习特点、兴趣和水平。基于数据分析的结果，高校可以为学生提供个性化的学习支持，满足学生个性化的学习需求。

2.教学过程优化

在线课程数据分析可以帮助教育工作者深入了解教学过程中存在的问题。通过分析学生在不同环节的表现，教师可以优化教学过程，提高教学效果。

3.实时反馈与调整

在线课程数据分析可以为教育工作者提供实时的学生反馈，并能动态地监控学生的学习情况。教师可以根据实时数据及时调整教学策略，更好地满足学生的学习需求。

4.教学资源优化

通过在线课程数据分析，高校可以了解学生对教学资源的使用情况，了解哪些资源更受学生欢迎，从而为高校优化在线教学资源提供参考，提高教学资源利用效率。

5.教学质量评估

在线课程数据分析可以作为评估教学质量的方式。通过对学生学习数据的综合评估，教师可以更客观地了解自己的课堂教学效果，为改进教学方法提供依据。

（三）在线课程数据分析的主要方法

1.学习分析

学习分析主要关注学生在在线学习平台上的学习行为，包括学生的学习时间、学习路径、观看视频的时长、参与讨论的频率等。通过学习分析，教师可以了解学生的学习习惯，为个性化学习提供有力支持。

2.行为分析

行为分析主要关注学生在学习过程中的交互行为，包括学生在平台上的点击行为、提交作业的时间、参与在线讨论的情况等。通过行为分析，教师可以了解学生的学习参与度，发现学生在学习中可能存在的问题。

3.成绩分析

成绩分析主要关注学生在在线课程中的学习表现，包括考试成绩、作业完成情况、项目成绩等方面的内容。通过成绩分析，教师可以评估学生的学术水平，及时发现学术研究中存在的问题。

4.情感分析

情感分析关注学生在学习过程中的情感状态。教师可以通过分析学生在讨论区的言论情感色彩、对教学资源的评价等方式来进行情感分析。情感分析有助于教师了解学生的学习动机和情感体验。

（四）在线课程数据分析的应用

1.个性化学习路径设计

通过学习分析和行为分析，高校可以根据每个学生的学习习惯和水平，设计个性化的学习路径，从而激发学生的学习兴趣，提升学生的参与度。

2.教学过程实时调整

通过实时监控学生的学习行为和学习成绩，教师可以在教学过程中进行实时调整。例如，调整教学内容、改进教学方法，以更好地满足学生的学习需求。

3.学术支持与干预

通过成绩分析和情感分析，高校可以提供学术支持和干预措施。对于成绩较差或情感状态较差的学生，可以及时提供额外的学习帮助、心理支持或导师服务，以丰富其学习体验，改善其情感状态。

4.教学资源优化

通过学习分析和行为分析，高校可以了解学生对教学资源的使用情况，有助于对教学资源进行优化，提高教学资源的质量，满足学生的不同学习需求。

5.学习社区建设

情感分析可以帮助高校了解学生在学习过程中的情感状态，包括积极的情感和负面的情感。利用这些信息，高校可以更好地建设学习社区，加强学生之间的互动和合作，营造积极的学习氛围。

6.教学质量评估

在线课程数据分析为教学质量评估提供了客观的依据。通过综合分析学生的学习行为、成绩和情感状态，教师可以更全面地了解自身教学的优点和不足，为改进教学方法提供指导。

（五）在线课程数据分析的发展趋势

1.智能化分析工具的应用

未来，随着人工智能技术的不断发展，智能化分析工具将被更广泛地应用于在线课程数据分析。智能化分析工具能够通过机器学习和数据挖掘技术，自动地发现隐藏在大量数据中的规律，提供更精准的分析结果。

2.跨平台数据整合

跨平台数据整合指的是将不同在线学习平台上的数据进行整合分析，这有助于教师全面了解学生在不同平台上的学习情况，为设计出综合性更强的个性化学习路径提供支持。

3.学习分析的标准化

为了更好地实现高校、教师、学生之间的沟通，学习分析的标准化将成为未来的发展趋势。建立共同的数据标准和分析框架，更便于进行跨平台、跨专业的合作。

4.强调隐私保护

随着人们对数据隐私的关注度不断提高，未来的在线课程数据分析将更注重学生隐私的保护。高校需要制定明确的隐私保护政策，并采取有效的措施确保学生数据的安全性。

5.情感分析的深化研究

情感分析将成为未来在线课程数据分析的一个重要研究方向。通过更深入地研究学生的情感状态，高校可以更好地了解学生的心理需求，提供更符合学生情感需求的教学服务。

6.教学过程的实时性

未来的在线课程数据分析将更注重教学过程的实时性。通过实时监测学生的学习行为和表现，教师可以及时调整教学策略，增强教学的灵活性和针对性。

总之，在线课程数据分析作为教育领域的一项重要工作，为高校、教师和学生提供了丰富的信息资源。通过学习分析、行为分析、成绩分析和情感分析等手段，高校可以全面地了解学生的学习状态和需求，为学生的个性化学习提供支持，从而优化教学过程，提升教学质量。未来，随着技术的不断进步和教育理念的不断发展，在线课程数据分析将迎来更广阔的发展空间，为高校教学设计发展提供更有力的支持。

第二节　微课课程设计

一、微课课程设计的定义

微课是指基于教学设计思想，使用多媒体技术在短时间内就一个知识点进行有针对性的讲解的在线课程形式。微课课程设计是根据微课的教学目标与功能，运用系统方法综合考虑教学中各要素之间的联系及要素与整体的本质联系，并在设计微课时综合协调这种联系，形成时间短、内容精、以视频为主要载体的微课的策划过程。常规的课程设计是基于教师和学生的双边的设计，整个教学过程体现了师生的互动。而微课课程设计主要是基于教师的单边的设计，主要包括学生在微课学习中或者学习后的主观与客观测试、讨论、练习。

决定微课质量的首要因素是微课课程设计水平。微课课程设计是课程开发理论在微课开发过程中的应用，更强调学生的自主学习，要考虑学生学习时间的零散性、片段性。微课的内容一般是独立的知识点或技能点，学生学习微课的媒介是多样化的，学习方式是个性化的。微课教学活动是学生依托视频的单方面的学习。

在微课课程设计过程中，教师应注意到微课讲授的知识点具有高内聚、低耦合的特点。内聚是指微课内部各个知识模块之间关系的紧密程度，耦合是指各个微课之间的知识关联的紧密程度。所以，高内聚强调单个微课讲授的知识点要紧凑、要独立，低耦合则强调微课与微课间的联系要少，使学习者更容易明白。在涉及综合知识的微课课程设计中，教师要主动加强知识点之间的联系，使学习者能够综合运用所学知识。

二、微课课程设计的原则

微课课程设计应遵循微型化、以学习者为中心、实效性、易懂性的原则。

（一）微型化原则

在知识爆炸的时代，信息资源的无限性与人们注意力的有限性之间存在矛盾，因此微课等微型化在线课程广受欢迎。微课时间短，通常为 5～8 分钟，最多不超过 15 分钟。微课课程设计要求教学设计者精心设计内容明确、短小精悍的教学视频，以减轻学习者的认知负荷，吸引学习者的注意力，提高学习者的学习效率。当然，在坚持微型化原则的同时，要注意微课课程设计的系统性，以保证微课结构相对完整。

（二）以学习者为中心原则

微课是为学习者服务的，往往以学习者的最终学习体验为衡量课程效果的标准。在微课课程设计过程中，课程内容的选择、学习活动的组织和各项资源的利用都要围绕学习者这个中心进行。在课程内容选择方面，应先了解学习者的学习需求；在学习活动的组织方面，要充分体现学习者的主体地位，调动学习者的学习主动性；在各项资源的利用方面，要充分发挥不同教学资源的作用，激发学习者的学习兴趣。

（三）时效性原则

微课是为广大学习者提供帮助的。在进行微课课程设计之前，教学设计者一定要充分了解学习者真正需要的是什么。微课内容的选择要来自真实的生活情景或存在的现实问题，让学习者意识到微课的内容是与大家的生活息息相关的。以真实情境引出要讨论的问题，不仅能激发学习者的学习兴趣，还能激发学习者的学习动力。

（四）易懂性原则

在进行微课课程设计时要把抽象的问题形象化，把复杂的问题简单化。为了实现教学内容的易懂性，在进行微课课程设计时，教学设计者对教学媒体的选择要恰当，要选择最合适的表现形式，对不同的教学内容应选择不同的教学媒体。

三、微课课程设计的流程

微课课程设计需要结合高校教育的特点以及人们对教学过程的理解与认识进行。一般来说，微课课程设计的流程如下：

（一）学习需求分析

教学系统同其他系统一样具有一定的目标，确定教学系统目标的依据之一就是教学系统环境，这是系统理论中的一条重要原则，而教学系统的目标应根据更大的教育系统的环境要求来确定，这是进行课程设计的逻辑起点。例如，针对职业教育，学习需求分析就是根据受训者所准备从事的职业、岗位的具体要求来确定教学系统目标。

由此可以看出，在制定教学系统目标之前，必须分析教学系统的环境。分析教学系统环境的过程，就是对学习需要进行分析的过程。只有在客观分析学习需要的基础上，才能确定教学设计课题的目标。同时，还有许多其他问题需要考虑，比如进行教学设计需要哪些条件，有哪些不利因素，哪些因素必须考虑进去，哪些因素可以从轻考虑，等等。总之，在学习需求分析中，必须解决教师"为何教"、学习者"为何学"的问题。

（二）学习内容分析

根据教育目标的要求，不同学校要有不同的培养目标，不同课程要确定不同的教学目标。学校根据课程目标，确定课程标准，选择教材。在此基础上，依据课程的整体目标确定单元目标。在确定单元目标时要着重分析学习者需要学习哪些知识和技能（知识点与技能点），要达到什么程度和水平，培养何种能力和态度，要使学习者身心获得怎样的发展。学习内容的分析与学习者的分析密切相关，不仅要考虑教师如何教授这些内容，更要考虑学习者要怎样学习这些内容。总之，在分析学习内容时，必须解决教师"教什么"、学习者"学什么"的问题。

（三）学习者分析

奥苏贝尔（D. P. Ausubel）等心理学家的研究表明，学习者已具备的知识和技能对教学工作具有十分重要的影响。因此，要完成教学设计的蓝图，必须分析学习者在进行学习前所掌握的知识和技能，必须注意学习者认知结构的特点，必须了解学习者的学习准备状态，并据此进行教学设计。

目前，高校的生源处于多样化的状态，不同生源的学生的学习基础不同、学习能力不同，因此，教学设计者无论在系统设计上，还是在具体课程的设计上，都要敢于实践与创新。单纯根据教学内容进行微课课程设计而不考虑学习者的水平与能力，是不可能获得良好的教学效果的。总之，教学设计要以学习者为中心，时刻考虑"谁学"的问题。

（四）教学目标设计

在对学习需要、学习内容和学习者进行分析的基础上，结合分析结果，学校可以对教学目标进行设计和编写。教学系统方法和现代教学理论强调，教学目标应该预先确定，应该说明学习结果，并以具体的、明确的术语加以表述。在教学活动开始之前，必须把教学目标明确地告诉学习者，使师生双方都明确教学目标，做到心中有数，使教学活动、学习活动有的放矢。明确具体的教学目标有利于高校教学策略的制定和教学媒体的选择，同时也为教学评价提供了依据。

（五）教学策略设计

教学目标确定后要进行教学策略的设计。教学策略是实施教学过程的教学思想、方法模式、技术手段这三方面动因的简单集成，是教学思维对这三方面动因进行思维策略加工而形成的方法策略，是为实现某一教学目标而制订的整体方案。教学策略的设计包括合理地组织教学过程，选取具体的教学方法和材料，制定教师与学生要履行的教学行为程序。教学策略是实现教学目标的重要手段，主要研究课程的类型与结构，教学的顺序与节奏，教学的活动、方法、形式、时空安排，教学活动失效时的对策等问题。简言之，教学策略主要解决教师"如何教"和学习者"如何学"的问题。

教学策略的设计需要考虑诸多因素，必须创造性地开展教学设计工作，灵活地安排教学活动，巧妙地设计各个环节，合理地安排各种因素，使整个教学过程形成一种优化的结构，以发挥整体功能，求得最大的效益。

（六）教学媒体设计

过去，教学媒体主要是黑板与粉笔，而现代科技的发展使得教学媒体变得更加多样化。

1.选择教学媒体的依据

（1）教学目标

每个知识点都对应着不同的教学目标，为达到不同的教学目标常需要使用不同的媒体去传递教学信息。

（2）教学内容

各门课程的性质不同，适用的教学媒体也会有所区别，同一课程内各教学环节的内容不同，对教学媒体也会有不同的要求。

（3）教学对象

不同的学生对事物的接受能力不一样，教师选用教学媒体时必须顾及学生的年龄特征、学习特点。

（4）教学条件

教学中能否选用某种媒体，还要看当时当地的具体条件，包括学校的资源状况、经济能力，教师的技能水平，以及使用环境、管理水平等。

2.选择教学媒体的原则

（1）最优决策原则

教学媒体种类多样，不同的教学媒体各有优势与不足，没有一种教学媒体能适用所有的教学情境，所以，教师在选择教学媒体时要综合考虑各方面的因素，作出最优决策。

（2）有效信息原则

各种教学媒体所体现的学习经验层次是不同的，有的属于具体的经验，有的属于替代的经验、间接的经验，有的则属于抽象的经验。因而，不同的教学内容应选择不同的教学媒体来呈现，要保证教学媒体能够呈现教学内容中的有效信息。

（3）优化组合原则

每一种教学媒体都有优点，也有局限性。各种教学媒体的有机组合能够扬长避短、优势互补，获得整体优化的教学效果。教学媒体的组合要以取得最佳的教学效果为出发点。

在选择好教学媒体的基础上，还要具体设计教学媒体。教学媒体的设计是根据教学的实际需要和具体要求，将教学内容与方法转换为具体详细、具有可操作性的实施方案，把学习内容充分展示给学习者，使学习者花费最少的时间，投入最少的精力，用最简便的方式，获得最佳的学习效果。

（七）教学过程设计

经过以上分析、设计环节，设计者即可着手设计教学过程，即用流程图的形式，简洁地描述教学过程，简明扼要地表达各个要素之间的相互关系，直观地表示教学过程，为教师提供一个可供参考的教学流程。一般情况下，微课教学过程的设计可采用思维导图的方式进行。

思维导图是表达发散性思维的有效的图形思维工具，它虽然简单，但却有效，是一种有效的思维表达工具。思维导图图文并茂，用相互隶属与相关的层级图把各级主题的关系表现出来，在主题关键词与图像、颜色等之间建立记忆连接。思维导图能充分发挥人类左右脑的机能，运用记忆、阅读、思维的规律，协助人们在科学与艺术、逻辑与想象之间实现平衡发展，从而发掘人类大脑的无限潜能。因此，思维导图具有启发人类思维的强大功能，有利于教学设计者进行微课教学过程的设计。

（八）教学设计的评价

经过以上各环节可以得到教学设计的初步产品，即教学设计的实施方案。设计的方案能否带来理想的教学效果？学习需要、学习内容和学习者的分析是否准确、到位？教学目标是否明确、具体？教学策略设计得是否合理、科学？教学媒体的选择与设计是否经济、有效？教学过程设计得是否简明、直观？要回答这些问题，必须对教学设计进行评价。

对教学设计进行评价主要采用形成性评价的方法，也就是在教学设计成果推广之前，先在一定范围内试用，以了解教学设计的可行性、有效性、实用性等。其中，教学目标的达成度是教学设计评价的主要指标。如果没有达到预期的教学目标，则要修改教学设计方案，然后再试用，再修改，直到完成教学目标为止。

四、微课的课程模式

（一）开门见山式微课

1.开门见山式微课简介

开门见山式微课指的是教师在微课开始时便直接介绍本节课的主要内容和学习目标。这种开讲方法能够吸引学生的注意力，便于其抓住本节课的重点。通过对本节重点概念或关键问题的简介，引入知识内容，既突出了授课的重难点，又是一种微课知识引入的良好方式。

开门见山式微课在视频刚开始时就直接阐述微课题目，简洁明了。在这一点上，微课与传统课堂的授课过程有所区别，省略了传统授课过程中的课堂导入环节。

2.开门见山式微课设计

开门见山式微课的教学内容简洁明了，直接切入主题。在开门见山式微课设计中，知识点的引入要能直接引起学习者的关注，知识的讲解要紧凑，教学媒体的选择要适合表现形式，要直观、形象，通俗易懂，教学总结要突出重点，还可以设置一些问题，以检验学生的学习效果。

3.开门见山式微课的适用场合

开门见山式微课直接点明主题，明示讲解的主要内容与学习目标。这种方法便于学生抓住本节课的知识脉络，适用于学习兴趣比较浓厚，主动学习、目标明确、积极向上的学习对象。

开门见山式微课适用于课程的概念阐述、重难点解析和疑惑点解析，适合在教材配套的数字资源中使用。

（二）情境式微课

1.情境式微课简介

情境即情景、境地。从社会的学角度讲，情境是指与个体直接联系着的社会环境，是与个体心理相关的全部社会事实的一种组织状态。从心理学的角度讲，情境是指对人有直接刺激作用，有一定的社会学意义和生物学意义的具体环境。从学生的角度看，情境可以理解为促使学生做出学习行为或参与学习活动的环境和背景，它是提供给学生思考空间的智力背景，能产生某种情感体验并诱发学生提出问题和解决问题的一种刺激事件或信息材料。综上所述，情境是指能使人引起情感变化的具体的自然环境或社会环境。

情境式微课是在教学过程中，依据教育学和心理学的基本原理，根据学生年龄和认知特点的不同，通过在师生间、认知客体与认知主体之间建立情感氛围，创设合适的学习环境，使教学在积极的情感和优化的环境中开展，让学习者的情感活动参与认知活动，以激活学习者的情境思维，使其在情境思维中获得知识和能力，进而发展智力的课程模式。情境式微课是利用具体的场景或所提供的学习资源激起学习者主动学习的兴趣、提高学习效率的一种教学方法。

情境式微课重视创设情境、设置任务，以激发学生的学习兴趣，关注学生的内心体验与主动参与感，把学生带入与教学内容有关的情境，让他们在情境中捕捉各种信息、产生疑问、分析信息并提出各种设想，引导他们在亲身体验的过程中探求新知，开发潜能。为此，可从以下几个方面创设情境：

第一，生活实例。从学生熟悉的生产与生活的实际问题中引入新课，能使学生了解书本知识和生活实际的紧密联系，从而激发学生的求知欲望。例如，在学习数据库时，可以让学生思考如何整理归纳班级学生的学籍信息，从而引出建立学籍管理数据库的授课内容。

第二，创设悬念。针对微课内容精心创设任务情境，让学生尽情思考，并适时设疑，利用学生的好奇心、好胜心引入新课。例如，在一场暴雨之后，汽车被大雨浸泡，车主启动发动机，发现汽车损坏，那么保险公司赔不赔车主的损失呢？带着这种悬念，学生开始学习"汽车保险与理赔"课程的知识点。

第三，实验演示。通过实验演示或实物展示，把抽象、枯燥的内容具体化、形象化，可以使学生获得直观的感性认识，加深对学习对象的理解。例如，课前准备好废旧的硬盘、光盘、U盘等，让学生从存储介质、组成材料、容量、存取速度等各个方面分辨这几种外存储器的区别，从而引入"外存储器"这一学习课题。

2.情境式微课设计

在情境式微课中，情境的创设要贴近生活，以吸引学习者，与学习者产生共鸣，提高学习者的关注度。

在情境式微课中，知识的讲解应具有层次性，要注重引导学习者进行思考。教学媒体的选择要适合表现形式，注重直观形象、通俗易懂。问题的讲解要注重情境的延续性，最终要解决情境中的问题，总结考核最好设置一些问题，以检验学生的学习效果，如果有没有掌握的知识，可重新进行学习。

3.情境式微课的适用场合

生活展现情境能使学习者直观地感知目标，易于在观察中启发思维，比较适合认知类、思政类和素养类课程。实物演示情境具体直观，易于现场观摩、操作，适用于汽车、机床等实践操作类的课程。图画视频再现情境式微课适用于会计、心理健康、法律基础等案例分析类课程。虚拟仿真情境可以描述成本较高、难以演示、有安全隐患的场景，适用于医学类、网络基础类、通信类、电子与电气类、数控加工模拟等课程。音乐渲染情境适用于大学语文、体育类课程。表演体会情境可分为进入角色和扮演角色，适用于情景剧式微课的制作。语言描绘情境的语言具有主导性、形象性、启发性和可知性，适用于素养类、讨论式的课程。

在情境式微课中，情境的创设需要有适合的教师和恰当的数字媒体资源。语言表现力较强的教师可以使用语言描绘情境，音乐可以衬托和渲染情境，图画、视频可以描述和再现情境。

（三）探究式微课

1.探究式微课简介

《辞海》（第六版）将"探究"解释为"深入探讨；反复研究"。探究有广义与狭义之分。广义的探究是一种积极主动的思维方式，泛指一切独立解决问题的活动；狭义的探究专指科学探究或科学研究。简单地讲，探究就是努力寻找答案，解决问题。

探究式微课的学习内容结合了适当的知识点与技能点，创设生活中与专业相关的教学情境，以问题为中心，采取合作交流的方式，在教师的引导下，通过实验、观察、操作、调查、信息搜索等方式，让学生自主地解决问题。

2.探究式微课设计

探究式微课教学模式是一种以学生为中心的教学模式，主要强调学生主体地位的发挥，倡导学生的自主学习、合作学习，注重培养学生的科学思维。探究式微课设计包括提出问题、产生假设、验证假设、总结结论四个环节。

3.探究式微课的适用场合

探究式微课适用于理论性与实践性并重的工科类课程，如数据结构、数控机床维修、机电设备故障诊断与维修、计算机维修、网络故障诊断与维修等。例如，在数据结构或者 C 语言程序类的课程设计中，为了更好地发挥实践教学对算法学习的促进作用，应在探究式学习理论的指导下，贯彻落实以学生为本的学习理念，以团队协作为载体，融合任务驱动式、启发式等教学方法，提高学生调试代码的能力。在机电设备故障诊断与维修课程设计中，可呈现某种故障现象，让学生讨论该故障可能是由哪些因素导致的，这是一个"假设—排除假设—缩小范围—找到故障"的过程。

（四）抛锚式微课

1.抛锚式微课简介

抛锚式教学是指在现实生活中或在借助技术虚拟的情境中，运用情境化教学方式，以提高学生的迁移能力和解决复杂问题的能力的一种教学方法。抛锚式教学是一种学习框架，它主张让学习者在基于技术整合的学习环境中学会解决复杂问题。在这种学习环境中，学生的学习内容和学习过程是真实的，所学结果具有较强的迁移性，从而使学生的学习变得有意义。

抛锚式教学的核心要素是"锚"，学习与教学活动都要围绕着"锚"来进行设计。教学中使用的"锚"一般是有情节的故事，而且这些故事要有助于教师和学生进行探索。在进行教学时，教师可将这些故事作为背景提供给学生。抛锚式教学模式在全球范围内产生了较大的影响，已得到广泛认可和应用。抛锚式教学模式的基本环节包括创设情境、确定问题、自主学习、协作学习、效果评价。由于微课本身是一种单向的教学，所以抛锚式微课更多的是以真实事例或问题为基础的实例式教学。

2.抛锚式微课设计

抛锚式微课的主要目的是让学生基于一个完整、真实的问题、事件进行学习，并通过学习者共同体中成员间的互动、交流、合作学习，引导学习者进行主动学习，亲身体验从识别目标到提出和达到目标的全过程。总之，抛锚式微课是让学生适应日常生活，学会独立识别问题、提出问题、解决真实问题的一个十分重要的途径。

3.抛锚式微课的适用场合

抛锚式微课适用于思想政治类、财经类等文科课程，因为这种类型的课程通常以视频、图片的方式为学生介绍相关的事件，表达方式相对单一。

（五）理实一体式微课

1.理实一体式微课简介

理实一体式微课强调充分发挥教师的主导作用，通过设定教学任务和教学目标，让师生双方边教、边学、边做，全程构建素质和技能培养框架，丰富理论教学与实践教学环节，提高教学质量。在整个教学过程中，理论和实践交替进行，直观和抽象交错出现，没有固定的先实后理或先理后实的顺序，而是理论中有实践演示，实践中有理论的应用。理实一体式微课突出对学生动手能力和专业技能的培养，可以充分调动和激发学生的学习兴趣。

理实一体式微课的主要教学方法如下：

（1）讲授法

讲授法强调将项目展开并在演示操作及讲解相关内容后进行总结，从而引出一些概念、原理并进行解释、分析和论证。讲授法根据教学内容进行课程设计，既突出重点，又系统地传授知识，使学生在较短的时间内获得系统知识。运用讲授法要有系统性，重点突出，条理清楚。讲课的过程是说理的过程，即"提出问题—分析问题—解决问题"，做到由浅入深，由易到难，既符合知识的构成规律，又符合学生的认识规律，使学生逐步掌握专业知识。

（2）演示法

演示法是教师通过示范性实验及示范性操作等手段，使学生通过观察获得感性认识的一种教学方法。运用演示法可以使学生获得具体、清晰、生动、形象的感性认识，加深对所学知识点与技能点的理解，把抽象理论和实际事物及现象联系起来，帮助学生形成正确的概念，掌握正确的操作技能。在运用演示法时，教师要根据课程内容选择好设备，如软件、工具等。

（3）练习法

练习法是指学生学习完理论课之后，在教师的指导下进行操作练习，从而掌握一定的技能和技巧，对理论知识通过操作练习进行验证，系统地了解所学知识的方法。练习法要求学生掌握正确的练习方法，强调操作安全，提高练习的效果。教师要加强监督，发现错误动作时立即纠正，保证学生练习的准确性。教师要对每名学生的操作次数及质量做好记录，以增强学生练习的自觉性，提高练习效果。教师要及时提问，并将提问效果作为平时的考核成绩。

理实一体式教学模式旨在使理论教学与实践教学交互进行，融为一体。采用该教学模式，一方面可提高理论教师的实践能力和实训教师的理论水平；另一方面，教师将理论知识融于实践教学中，让学生在学中做、在做中学，在学和做中理解理论知识、掌握技能，打破教师和学生的界限，从而激发学生的学习热情，增强学生的学习兴趣。学生边学边练边积极总结，能达到事半功倍的学习效果。

2.理实一体式微课设计

理实一体式微课避免了理论与实践相脱节的问题，使教学环节相对集中。在实训项目过大时，可以开发系列微课或者专题微课。实训类微课可以加强知识的联系与应用，因此，教师可以结合抛锚式或者探究式微课一起使用。

3.理实一体式微课的适用场合

职业教育以培养学生的生活技能和生存技能为根本目的，更强调对实践技能的训练。理实一体式微课适合职业教育中的电子类、电气类、机械类、汽车维修类、计算机类、机电一体化类、经管实训类、物流类等众多实践性较强的课程。在这类课程中，理实一体化微课不仅能将现场操作演示、虚拟展示、桌面操作过程等记录下来，也便于模仿与推广。

第三节　慕课课程设计

　　"慕课"这一概念出现后，迅速在全世界得到了普及。由于经济、文化以及国情的不同，人们对慕课的认识也存在差异，因此，对慕课的概念进行清晰的界定也比较困难，但是慕课的基本特征已经被人们广泛接受。

　　在课程范围上，慕课以联通主义理论和网络化学习的开放教育学为基础，与传统的大学课程一样，循序渐进地让学生从初学者成长为高级人才。慕课课程的范围不仅覆盖了科技学科，比如数学、统计学、计算机科学、自然科学和工程学，也包括社会科学和人文学科。在授课形式上，慕课采用的是一种通过某一相同的话题或主题将分布于世界各地的授课者和学习者联系起来的方法。在测验方面，慕课的每门课程都有频繁的小测验，有时还有期中和期末考试。

　　尽管慕课课程通常对学习者没有特别的要求，但是慕课会以每周研讨话题的形式，提供一种大体的时间表，其余的课程结构通常包括每周一次的讲授、问题研讨以及提供阅读建议等。

　　探究慕课的基本特征和课程模式，有利于高校更好地把握大数据背景下在线课程的发展趋势，运用慕课这一在线课程的优势，推动高校教育管理工作的发展。

一、慕课的基本特征

　　有关专家认为：如果从两个维度上看慕课，那么可能一个维度是聚焦于规模；另一个维度是聚焦于社区和联系。这两个维度，前者体现了慕课的大规模特征，后者则侧重说明慕课的开放性以及由开放而形成的社区联系特征。

（一）大规模

慕课的大规模体现在课程的参加人数上。截至 2020 年底，美国大型公开在线课程平台 Coursera 的在线注册人数已经超过 7 700 万，目前这个数字还在不断增加。

慕课的大规模也体现在慕课平台上有大量可供选择的、几乎涵盖全部学科领域的网络课程。Coursera 平台上的课程集中在人文、经济金融、商业管理、信息技术等领域。例如，侧重基础教育的可汗学院目前在 YouTube 上有 4 000 多个教学影像供人们免费观看，内容不仅包括基础教育课程，还涉及医学、金融、经济、计算机科学等诸多学科。这些课程的授课语言并不全是英语，而是采用多语种授课。

为了帮助学习者更好地接受不同文化的知识，各个慕课平台都组建了自己的翻译组和字幕组，使得不懂外语的慕课学习者不再局限于选择用自己母语授课的部分课程，学习内容也随之增加。而且，随着越来越多的学习者的加入，他们的学习意愿和学习过程都以数据的形式被记录下来，形成了慕课学习大数据，这些大数据可以帮助教师更好地选择和设计有效的课程与教学计划，促使慕课的学习内容更加多元化。

各个慕课平台的合作伙伴，即各研究机构以及世界级名校的数量也具有大规模的特点。到目前为止，Coursera 已经有 347 个合作伙伴，它们来自世界各地的高校和机构，与开放课程在线平台 edX 合作的机构与高校有 140 多家，清华大学、北京大学、香港大学、韩国首尔国立大学、日本京都大学等亚洲高校都在其合作名单中。而且，随着慕课的不断完善，越来越多的学校加入慕课平台，这已经成为一种不可避免的趋势。

慕课平台的背后有大规模的教师团队以及大量人力和资金的投入。不同于一位教师面对几十个学生的传统教学模式，慕课面对的是数以万计的网络自主学习者，它的课程设计与制作以及课程投放之后的管理与维护等都不是一位教师能够单独完成的。所以，一门慕课课程从开始准备到结课评估，需要一个完整的教学团队分工协作，共同努力。

以 MITx 平台的"电路与电子学"课程为例，它的团队一共包括 21 人，其中，负责讲座、作业、实验室和辅导的有 4 位指导教授，还有助教、开发人员、实验室助理等协助人员 17 人。较之传统的课程，制作一门能够上线使用的慕课课程，教师团队需要更久的准备时间。他们要选择教学素材，设计教学活动，进行视频拍摄。在讲授课程的过程中，教师团队也要不间断地监控学生的学习进程，及时给予反馈。除人力投入外，各个慕课平台的资金投入也是巨大的。例如，可汗学院作为一个非营利的免费在线学习机构，每年约用 700 万美元维持运行，资金大多来自捐赠。

（二）开放性

慕课的兴起离不开信息技术的进步，它是将开放性网络资源与高校教学管理系统进行有效结合的创新型教学模式，只要是平台的注册用户，就可以在一定程度上不受限制地使用世界范围内的优质教育资源。

第一，慕课的开放性表现在学习对象上，即真正意义上的"有教无类"。传统的课堂教学会受到时间、地域、年龄、文化、收入等因素的影响，慕课与其不同。借助慕课平台，学习者可以在任何时间、任何地点，根据自己的实际条件及需要，通过在线网络进行学习。

第二，慕课的开放性表现在教学与学习形式的开放性。慕课平台所提供的课程是在主动学习、深度学习等理念的基础上进行的，它可以利用各种软件和云服务平台促进学习者学习，引导他们进行讨论，此外，还支持用户创建和分享视频，积极参与其他的活动。因此，慕课充分体现了教学与学习形式的开放性。

第三，慕课的开放性也表现为课程内容和资源的开放性。慕课虽然是通过网络进行教学的，授课时间较短，但它的课程内容却很完整。慕课平台上的一门课程包括很多资源，且这些资源都比较灵活，能够进行修改及扩展，并且可以根据课堂需求及教学环境的变化而不断完善。

第四，慕课的开放性体现在教育理念的开放上。目前，很多国家、大学以及课程之间依然受到时空的阻隔，但慕课所倡导的教育开放精神，足以跨越时空、国界以及学科，实现知识的有效传播。

二、慕课的课程模式

在慕课的发展过程中，有基于联通主义学习理论的 cMOOC 和基于行为主义学习理论的 xMOOC 这两种具有不同教学理念和特征的课程模式。

（一）cMOOC 课程模式

2008 年，加拿大学者科米尔（D. Cormier）与亚历山大（B. Alexander）提出慕课的概念。同年 9 月，加拿大学者西蒙斯（G. Siemens）和唐斯（S. Downes）应用该概念开设了可以向所有学习者免费开放的课程——《联通主义与关联知识》，25 名来自曼尼托巴大学的学生付费在线学习了这门课程，同时，2 300 多名来自世界各地的学生免费在线参与了这门课程的学习。这种基于联通主义学习理论的慕课类型被称为 cMOOC，并在随后逐步得到推广，发展出了 eduMOOC、MobiMOOC 等形式。整体而言，cMOOC 的课程范围基本上还是局限于教育学科相关领域。

cMOOC 的理论基础是联通主义学习理论，即知识是网络化的，学习是连接专门节点和信息源的过程。西蒙斯指出，cMOOC 的核心包括联通主义、知识建构、师生协同、分布式多空间交互、注重创新、同步与共鸣、学习者自我调节等。cMOOC 将分布于世界各地的授课者和学习者通过某一个共同的话题或主题联系起来，学习者通过交流、协作等方式构建学习网络，进行知识学习。

1.cMOOC 课程模式分析

（1）cMOOC 课程模式中学习者的基本学习活动

第一，浏览课程内容与授课安排，注册课程。

第二，获取教师在学习网站上提供的各种类型的学习材料。

第三，参加讨论组、在线讲座等活动，参与讨论学习内容，分享个人观点。

第四，制作个人学习资源，如音频、视频等，并进行分享。

第五，充分利用各种社会化网络工具开展学习活动，建立学习网络。

（2）cMOOC 课程模式的特征

第一，在 cMOOC 中，教师提供的资源是知识探究的出发点，与传统课堂教学不同，cMOOC 中教师扮演着课程发起人和协调人的角色，而非课程的主导者。教师要设定学习主题，安排专家互动，推荐学习资源，促进分享和协作。

第二，学习者在 cMOOC 中具有较强的自主性，学习依赖于学习者的自我调控。学习者会自发地交流、协作、建立连接、构建学习网络。

第三，学习者进行基于多种社交媒体（如微信、社交网络等）的互动式学习，通过资源共享与多角度交互，拓展知识学习的范围。

第四，学习者通过交流、协作的方式构建学习网络，通过社区内不同认知的交互，学习新的知识。

2.cMOOC 应用策略与方法

就如何进行 cMOOC 的学习，研究者与实践者给出了有价值的策略和方法。

（1）科米尔提出成功学习慕课的五个步骤

第一，确定学习目标。

第二，在社交网络上介绍和展示自己。

第三，构建个人学习网络。

第四，参加学习小组和学习社区。

第五，关注个人学习进程和内容。

（2）西蒙斯提出有效参与 cMOOC 的九个步骤

第一，确定学习目标。

第二，在社交网络上展示自己。

第三，交互。

第四，构建学习网络。

第五，管理课程资源。

第六，创作与分析。

第七，发现和解决问题。

第八，合理期望。

第九，坚持参与。

（3）其他观点

有学者认为，要想成功学习慕课，需要从课前、课中、课后三个阶段入手。课前，学习者要通过浏览网站了解课程内容，考虑个人时间安排，熟悉课程中将要用到的学习工具；课中，学习者要及时进行自我介绍，积极参与课程讨论与交流，学会提出问题，从大规模的信息中选出有用知识等；课后，学习者之间仍然要继续保持交流。

（二）xMOOC 课程模式

1.xMOOC 课程模式分析

xMOOC 是慕课的一种新型模式。xMOOC 与 cMOOC 都是基于网络的慕课类型，但两者具有不同的特征。与 cMOOC 相比，xMOOC 在教学过程和理念上更接近于传统教学。

一门 xMOOC 课程一般会在预定的时间开始，为了及时参加课程，学习者需要提前了解课程介绍与课程安排，并进行注册。在学习过程中，学习者也可以根据个人的学习情况，退出某门课程的选课。每门 xMOOC 课程的授课时间比传统教学的学期较短，一般为 10 周左右。慕课平台为课程实施提供了多种课程组件，包括课程视频、讨论区、电子教材、测试等。

课程开始后，教师定期发布课件、作业、授课视频，这些视频不是校内课堂的录像，而是专门为了该课程录制的，很多视频会提供多语言字幕，以方便全球学习者学习，提升课程的开放程度。

xMOOC 的课程视频一般比较短小，而且在视频中会安排实时的问题与测试，以便获得更好的学习效果。由于视频学习是一种单向传递，学习者需要在没有他人监督的条件下对学习内容保持足够的关注。课程设计者通过视频讲解并辅以问题与测试，可以有效地帮助学习者集中注意力，加深学习者对学习内容的理解。同时，这种视频讲解方式也有助于学习者把握学习步调，使学习者能够比较方便地把握学习进度。

xMOOC 一般会在课后安排需要完成的阅读和作业，作业通常会有截止日期，学习者应自觉、按时完成课程作业。教师可以通过在线自动评分、自我评判打分、学习者同伴互评等方式评估学习者的作业成绩。

xMOOC 课程会安排小测试和期中、期末考试。学习者应在规定的时间内参加考试，获得考试成绩。学习者要诚信守则，诚实而独立地完成学习、作业与考试。

xMOOC 课程网站开设有讨论组，学习者可以进行在线学习交流。有些课程还会组织线下见面会，使学习者有机会进行面对面的交流。例如，Coursera 平台已经在全球多个城市组织了课程线下见面会，学习者可以根据自己的位置选择加入较近的线下见面会，进行面对面的学习交流，形成地区性的学习小组。

完成课程并考试合格后，学生可以获得证书或者获取学分。

2.xMOOC 的教学原理

（1）检索性学习与测验

在进行慕课学习、观看视频的过程中，学习者经常会有这样的体验：观看视频时难以持续集中注意力，随着观看时间渐长，逐渐开始走神，有时候甚至会停下课程去做其他事情。这样的体验无疑会浪费学习时间，降低学习效率。

如何通过课程设计集中学生在线学习的注意力？一种有效的方法是检索性学习与检索性测验。因此，xMOOC 教学原理的关键要素之一是广泛使用交互式练习，在视频、测试中提供丰富的互动练习，使学习者可以及时检测学习效果。这是一种检索性学习与测验方式。

检索性学习与测验是一种从短期记忆中回溯信息，以增强长期记忆的行为。相关研究表明，频繁互动可以避免学习者注意力分散，这是确保学习者持续保持专注的一种有效手段。例如，在视频中插入问题，学习者回答简单的问题后才能继续播放视频，以确定学习者是否还在认真学习，是否已经充分理解了所学的内容。

（2）精熟学习

20 世纪 70 年代，美国心理学家布鲁姆（B. Bloom）针对美国教育制度中只注意培养少数尖子学生而忽视大多数学生发展的弊端，提出了"精熟学习"的新学习观。他指出，现代教育不能只面向少数学生，而应该面向全体学生，让绝大多数学生都能学好。

精熟学习建立在以下三个基本假设的基础上：第一，几乎所有的学生都能掌握某一学科的学习内容；第二，一些学生需要比另一些学生多花一些时间才能掌握知识；第三，一些学生比另一些学生需要更多的帮助（如个别指导或额外的练习等）。因此，精熟学习理论认为，只要给予足够的学习时间和相应的教学，大多数学生都能够掌握学习内容。精熟学习是将学习内容分成小的单元，学生每次学习一个小的单元并参加单元考试，直到完全掌握学习内容并通过考试，才能进入下一个单元的学习。

慕课平台课程的嵌入式测验和在线练习的设计理念为学习者提供了多重知识内容的练习和实时、可重复的反馈练习。课程会随机给出不同形式的题目让学习者练习，使学习者反复熟悉相关概念，强化重要概念，实现知识的习得与迁移。

精熟学习通常包括以下内容：

第一，教学内容被划分成一系列较小的独立单元，每一单元包含少量的学习材料。

第二，各单元按一定的逻辑排序，为后面的学习奠定基础，让学习者先学习基本概念，随后学习较复杂的概念。

第三，在每一个单元结束时，通过考试检验学习者的知识掌握水平。在学习者学完一个单元，开始下一个单元的学习之前，必须参加有关这个单元内容的考试，以检验其是否掌握了该单元的学习内容。

第四，每一单元要有一个具体的、可观察的、可测量的单元测验掌握标准。

第五，为需要额外帮助或练习的学习者提供"补救"措施，帮助他们掌握知识。有些学习者并非总是能够一次就通过测验，对这些需要帮助的学习者，教师要提供更有针对性的教学方法，如不同的学习材料、参考书，或鼓励学习者参加学习小组、接受个别辅导等。

（三）cMOOC 与 xMOOC 的比较

cMOOC 与 xMOOC 在教学理念上有所不同：cMOOC 侧重基于联通主义构建学习网络，注重促进学习者进行知识获取与创造；而 xMOOC 则更侧重传统的教学模式，注重帮助学生掌握课堂教学内容。在当前的社会发展中，xMOOC 是慕课课程的主流。

第四节　大数据背景下
在线课程的发展趋势

当前，信息技术的发展使人们进入移动互联网时代，对教育也产生了深刻的影响，政府和高校必须予以高度重视。今天的学生被称为"数字时代的土著居民"，他们的思维方式、学习方式与生活方式发生了巨大变化，教育工作者需要适应这种变化。

在大数据背景下，教育工作者不仅要关注自己"如何教"，更要关注学生"怎么学"。信息时代的每一位教育工作者都必须以敏锐的信息素养、开放的教学理念和学习者的姿态，积极参与新技术、新媒体下"教"与"学"方式的变革，接受并学习信息技术带来的能够促进教育发展的新事物，比如翻转书包、翻转课堂、微课、慕课、思维可视化、3D打印、图片处理技术、网上会客室、未来学院、虚拟现实、学分银行等，这也是信息时代每一位教育工作者实现专业发展的有效途径。下面，笔者选取微课和慕课这两种比较流行的在线课程形式，简单论述其未来发展趋势，以为其他在线课程的发展提供借鉴：

一、微课的未来发展趋势

当今时代是一个"互联网＋"的时代，是一个移动互联的时代，移动互联网技术给教育带来的变化是巨大的。微课仍是一个新生事物，微课在理论基础、开发途径、应用模式、技术指标、评价体系等方面还有许多需要完善的地方，需要广大教育工作者在实践中去不断改进。结合教育的发展趋势，笔者预测微课的未来发展趋势如下：

第一，在开发方式上，微课将跳出"小微课"的局限，迈向"大微课"时代。当前的微课太过关注单个知识点的设计与开发，视野过小，过于零散、碎片化且无序，学生在使用的时候往往是"用了上节没有下节"，且无法与整体知识架构相联系，导致学习者"只见树木不见森林"。

未来微课的发展方向将会是坚持微课程专家主导下的基于"顶层设计"和"系统规划"的建设导向，知识点讲解从无序走向有序，从零散走向系统。例如，围绕教材知识体系的同步建设，建成一个学科（专业）的系列化、体系化的微课程。教育工作者要从当前微课"碎片化呈现""快餐式学习"的阶段，走向发挥微课作用、帮助学生"建构自我知识体系"和"形成问题解决能力"的深化应用阶段。

第二，在建设类型上，支持移动学习、在线学习、泛在学习的微课数量将大幅度增加。目前，我国现有微课类型过于单一，同质化问题严重，且以知识讲授型微课为主，单个微课内容较多、容量较大、时间偏长、使用不便。未来微课的设计将更加靠近微课的"本质使命"，时间更短、内容更精、类型多样，支持用户个性化的移动学习、在线学习、泛在学习等多种学习方式，实现"人人皆学、处处可学、时时可学"。并且，在未来的发展中，基于应用程序的学习型微课开发将成为一个新热点。

第三，在制作技术上，交互式学习、虚拟仿真、3D 视频体验式微课将成为新的发展方向。一般情况下，微课是"一个人""一对一"的学习活动，单靠传统的讲授或者知识灌输，无法吸引学生的注意力。因此，即使是最简单、简短的微课，也要通过交互教学设计（如创设情境、提出问题、布置练习、设计任务、开展活动）和交互技术设计（如虚拟仿真、3D 视频、在线评测反馈技术等）促使学生深度参与到微课教学活动中，与视频里的教育工作者及其提出的问题、任务等进行"互动"，这样的学习才是有效的。

第四，在建设主体上，微课将从"单打独斗"的封闭式建设走向基于"互联网＋"思维的"众筹"与"联盟"。未来的微课建设开发人员将不再局限于教育工作者，而是呈现出多主体和多元化的特征，体现"互联网＋"时代的"众筹"和"创客"的特点。教育工作者、学生、家长及任何对教育感兴趣的人员，都可以将有教育价值的主题加上自己的创意制作成个性化的微课。在信息时代，任何一个人都具有提供资源与消费资源的双重权利。因此，从某种意义上来说，学生创作的微课、教师指导学生或与学生共同录制的微课，是微课发展的一种新范式。

第五，在应用途径上，基于大数据的智能化的区域性微课学习管理平台将会百花齐放。微课就像是一粒沙、一滴水，随意放置不会产生太大的价值。因此，从某种意义上说，微课学习管理平台比微课资源本身更重要。微课学习管理平台要考虑到用户的应用体验，微课教学除了要符合在线教育的规律，还要与线下传统班级教学流程相融合。

例如，可汗学院平台不仅是学习者自主学习的个性化平台，更是学校基于翻转课堂、混合学习的公用平台，能够为用户提供学习诊断、学习行为记录、学习路径形成、个性资源推送、志愿者答疑和参与讨论交流等服务。也就是说，微课只是一个激发学习行为的"引子"，众多的学习者经常在学习社区互动交流、讨论留言。鉴于此，微课学习管理平台可以成为一个群体性学习的社交区域，产生更多的智慧型资源。

二、慕课的未来发展趋势

慕课作为世界开放教育资源运动的一项新晋的发展成果，对高等教育、基础教育、职业技术教育等学校教育中的正式学习和非正式学习，都产生了深远的影响。

从国内外的平台开发、课程建设、学习应用、科学研究的情况来看，慕课始终处于高速发展之中。同时，作为新兴事物，慕课学习与教育实践又迫切需要教育理论研究者跟进研究，为慕课学习与实践提供支持和指导。

在今天这样一个学习型社会中，每个人都可以通过网络随时随地获取知识，这是人类历史上前所未有的。然而，究竟如何将慕课整合到各级各类的学校教育和培训实践之中，使这种非正式学习模式为正式的学习贡献力量，各级各类学校和教育工作者还面临诸多严峻的挑战。展望未来，慕课的发展及应用可能会出现以下趋势：

第一，在未来一段时间内，慕课平台及课程的数量将会持续高速增长。当前，慕课平台越来越多，吸引了越来越多的高校加入，上线了越来越多的课程，使越来越多的公众了解并开始借助慕课促进自身的成长与发展，也促使越来越多的研究报告出现。在未来相当长的一段时间里，就全球范围而言，慕课平台及课程的数量将会保持高速增长的态势。

第二，对于慕课，人们的看法将会越来越理性。目前，慕课正在对世界范围内的各级各类学校教育和企业培训产生深远的影响。慕课为每一个社会公民提供了借助网络提升自己、实现自我发展的机会。然而，要抓住这个机会，还需要每一个学习者发挥自觉、自主、自愿、自控的学习内驱力，以及运用在线参与式的学习方法与技巧。在慕课的未来发展中，学习者应秉持理性的态度，善于利用慕课的优势，充分利用这一机会实现自我发展。

第三，慕课将会不断地渗透到学校教育与企业培训之中。随着慕课模式的不断成熟，国内外越来越多的高等院校、企业人力资源部门、培训机构开始尝试将慕课整合到学校课堂教学和企业培训之中。慕课这种在线教育与开放教育相结合的非正式学习模式，已经开始不断地被运用到大学和培训机构的课堂之中。未来，会有越来越多的大中小学和企业培训机构尝试将传统的面对面教学形式与包括慕课在内的在线教学形式结合起来，把世界范围内的一流大学的慕课资源用于课堂教学。基于混合学习的教学模式将成为最有前景和最具生命力的教学模式。

第四，慕课的学分认证困难和商业模式不完善等问题将找到解决途径。目前，国内外的慕课都还只是一种非正式的在线学习形态，虽然受到学习者的推崇，但是要想将慕课整合进大中小学或企业培训，学分认证困难、考核评估缺乏标准、学籍管理不规范、商业模式不完善等一系列难题就必须得到很好的解决。就国内外慕课的发展实践来看，一些慕课提供者、在线教育机构和高校管理者已经开始尝试各种不同形式的解决方案，并取得了良好的效果。展望未来，慕课的学分认证困难和商业模式不完善等问题将会有合理的解决办法。

第五，慕课教学法将会得到更多的关注，学习支持服务将会进一步加强。回顾过去几年慕课在国内外的发展，不难发现，越来越多的报刊、文章、会议、讲座、研讨会开始谈论慕课，相关的报道、评论、赞誉、批评不断出现。然而，对于慕课教学法这一关键因素，人们却不够关注。

在笔者看来，慕课提供者、在线教育机构和高校管理者要想真正了解慕课的机制、感受慕课的魅力、享受慕课学习带来的乐趣，就必须了解慕课教学法。否则，就不可能真正地开发出好的慕课平台和课程，自然也就不可能很好地提供慕课学习支持服务。慕课到底是如何组织教学的？慕课学习者应当具备怎样的素质和技能，获得怎样的学习支持服务，才能更好地享用来自全球一流大学的"精神大餐"？慕课学习者如何借助慕课学习，融入全球性的实践社群，通过网络，向其他来自世界各地、不同背景、不同职业的慕课学习者学习？如何激发慕课学习者的学习动力，并使这一动力得以保持？所有这些问题，都将成为未来慕课研究的重点。

第六，慕课研究将会成为在线教育和开放教育的热点。作为一种新兴事物，慕课也是一个实践先行的领域。随着慕课实践的不断发展，慕课研究，包括慕课教学法、慕课学习、慕课平台、慕课教学设计、慕课学习支持服务、基于慕课的混合学习、慕课学习评价、课程设计与开发等一系列问题，将会成为在线教育研究的热点。未来，慕课研究将会得到进一步加强，并反过来有力地支持慕课的快速、健康发展。

第六章　大数据在高校教育管理中的具体应用

大数据在我国高校教育管理领域的发展已经取得一些成果，高校教育管理中的很多方面已经和大数据技术紧密结合。本章主要从课程管理、学生管理系统、图书馆服务和教务管理四个方面论述大数据在高校教育管理中的具体应用。

第一节　大数据在高校课程管理中的应用

作为教育的主要阵地，高校承载着学生的理想、父母的期望、社会的责任与使命。高校课程管理关系到高校学生的成才和社会的发展，是实现教育教学目标的关键。当前，我国高校课程管理存在诸多问题，如忽略学生的个性化发展需求、课程内容落后于时代、课程内容不实用、课程结构死板、考核方式单一等。

借助大数据技术，高校可以挖掘数据价值、发现数据间的关联、预测事物发展规律。因此，相关管理者在高校课程管理中充分利用大数据技术进行数据分析，充分认识到学生的个体差异，对社会的需要和发展进行准确的分析和预测，并因"势"利导，按"需"育才，有利于优化教学内容，增强教学的科学性和合理性，提高学生的综合素质，培育更多个性化人才，以育人为中心，促进社会的健康发展。

一、当前高校课程管理存在的问题

高校课程管理是高校教育思想和理念的直接反映，是教育规划的核心所在，在学校实现人才培育目标的过程中发挥着重要的作用。高校课程管理包括课程目标、课程结构、课程内容、课程考核等要素。科学、合理的课程管理，对促进学生的全面发展、实现学校育人目标、推动社会进步都是有益的。然而，当前某些高校的课程管理还存在一些弊端，制约了学生、学校的发展，阻碍了社会的进步。当前，高校课程管理存在的问题具体体现在以下几个方面：

（一）课程目标忽视学生的个性发展需求

课程目标是高校设置课程时所期望的、应该达到的目标，是培养人才的风向标，是课程管理的重要组成部分。高校要培养专业技能扎实、综合素质良好、德才兼备、热爱生活、积极投身社会主义事业的现代化人才，就要以此为导向设置课程目标。

然而，长时间以来，我国高校的课程管理大多是根据一定的教学模式设置相同的教学方法和教学内容，注重提高学生的专业知识水平和技能水平，忽略了学生在个人兴趣、性格、能力等方面的差异，未对学生进行恰当的个性化指导，导致部分学生成为被动的学习机器。

同时，忽视学生的个性发展需求会使学生在学习动机、主动性、想象力、思维能力等方面受到制约，阻碍学生的自由发展，不利于学生超越自己、全面提升自身水平，对实现高校人才培养目标造成了极其不利的影响。

（二）课程结构固化，不利于专业培养目标的实现

高校课程的结构，主要包括各科目组成比例（专业课程与通识课程比例、必修课程与选修课程比例）、学时配比和课程进度安排等，科学、合理的课程结构是实现专业培养目标的基础与先决条件。当前，我国大部分高校在课程结构方面存在问题，具体表现在以下两个方面：

一是一些高校在开设专业课程、通识课程、必修课程和选修课程时，没有充分考虑到不同专业在培养目标上的不同，无论是工科还是文科，都按照相同的教学模式开设相同课时和学分的专业课、通识课、必修课和选修课。

二是在课程进度的安排上，没有充分考虑到各个专业的特点，在规定的时间内要求各个专业都要完成规定的科目。这种课程结构忽略了不同专业、不同学生群体之间的差异，不利于各专业培养目标的实现。

（三）课程内容与社会需求的匹配度较低

课程内容的根源是社会文化，如果社会文化发生变化，课程内容也会随之变化。学生学习的对象正是课程内容，所以课程内容应该适应社会的发展，满足社会发展的需求，在满足实用性的基础上顺应时代发展。长期以来，我国大多数高校将理论知识视为课程设置的重点，实践课程很少，忽略了对学生动手和实践能力的培养，导致学生对所获得知识的具体应用能力受到了影响。

除此之外，我国一些高校的课程内容较落后，没有顺应时代的发展进行改变，更新换代的速度较慢，学生无法通过课程内容来及时了解、学习新成果、新观点和新技能。课程内容所具备的实用性和时代性不足，除了会造成学生难以满足就业市场的要求、难以融入社会，还会导致企业难以招聘到合适的人才，从而影响企业的发展，社会的发展在一定程度上也会受到影响。近些年频繁出现的"大学生就业困难"和"企业招聘困难"的矛盾正是这一问题的集中体现。

（四）课程考核不全面，难以推动课程设置优化

课程考核涉及全部的课程内容，是为了检验学生对课程内容的掌握程度，及时发现学生在学习过程中存在的问题以及课程设置中的缺陷，从而对教学方案进行调整，实现教学目标。课程考核是检验学生学习成果的首要方式。当前，我国大多数高校的课程考核包括平时考核和期末考核两种方式。

其中，平时考核以学生平时作业完成度、学生课堂表现及出勤率为主要评价标准，而期末考核由任课教师设置考试题目，学生以笔试方式参加考试，考核方式固定单一，考核内容难度较低。期末考核的特点，使得大量学生采取考前突击复习的方式，无法对学生的学习态度和效果进行检验，更无法反映学生的学习能力、实践能力、创新能力。如此一来，高校无法通过考核发现学生在学习过程中存在的问题，也无法发现课程设置中的缺陷，借助考核信息对课程设置进行优化就更无从谈起了。

二、利用大数据优化高校课程管理的可行性分析

我国部分高校因受到传统观念和思想的影响，在设置课程内容时轻视科学性。与此同时，受技术、设备、社会环境等因素的影响，获取设置课程内容所需要的参考数据，以及对数据进行深入分析，对于众多高校来说是一件难事。进入大数据时代，大数据技术的高速发展和大数据思维的传播，给高校优化课程管理带来了新的机会。

（一）大数据为高校提供优化课程管理的参考信息

作出最优决策的一个先决条件是决策者了解与组织的活动相关的全部信息。因此，高校在课程管理中要尽可能获得更多的相关信息，这是使课程管理更加科学、合理的前提。以往在设置传统课程内容时，因获取信息的渠道少，

高校难以收集数据，收集到的数据数量不多、质量不高，课程内容设置主要以国家中长期教育发展规划、国家教育法律法规、高校人才培养方案和重点大学课程设置方案为参考，有关学生本身和社会发展的相关数据难以获取，这在一定程度上对高校课程管理的科学性造成了不利影响。

随着大数据时代的到来，开放的互联网为高校收集数据信息提供了新途径。如今，高校可以通过线上、线下等多种方式及时获取学生的各种数据，包括兴趣爱好、性格能力、学习习惯等，以及各行各业、各种领域的宏观、微观数据。数据来源广泛，形式和内容多样，信息实时更新。将大数据作为高校课程管理的重要数据支撑，有助于增强高校课程管理的科学性。

（二）大数据推动高校课程管理思维变革

《大数据时代：生活、工作与思维的大变革》一书指出，大数据时代人们最大的思维转变，就是放弃追求事物的因果关系，转而关注事物的相关关系，即人们只需知道"是什么"即可，而不用知道"为什么"。这一观点促使高校管理者重新思考高校课程管理的相关问题。高校在设置课程内容时，除了关注课程本身及课程设置原因外，也应该关注学生个体之间、课程学习内容与学生能力提升之间、课程与外部环境之间的关系，了解学生的学习兴趣和习惯，对社会发展趋势进行预测，以使课程目标个性化，使课程结构更具差异性与科学性，让课程内容更加实用，具备时代特征。

（三）大数据促进高校课程管理技术手段的创新

高校在设置课程时，要想在复杂的信息中找到有价值的信息并以此为依据作出科学决策，利用大数据技术是最优之选。大数据促进高校课程管理技术手段的创新，主要体现在以下两个方面：

一方面是设计数据的存储与管理。高校难以使用复杂的传统关系型数据库对数据进行存储和管理，而所有结构化或非结构化的数据都可以加载到大数据分析平台内嵌的信息库中，从而实现对巨量数据的存储和管理。

另一方面是对数据价值的挖掘。利用大数据技术，高校可以使用界面流程式的设计平台，通过可视化分析、数据挖掘算法、预测性分析、语义引擎和数据质量管理等技术，对巨量数据进行快速分析和处理，从而根据大量的计算指标和丰富的图形进行课程设置，帮助高校作出更科学的课程管理决策。

三、大数据背景下高校课程管理优化的实现路径

（一）制订个性化培养方案

马克思主义理论认为，只有个性充分发展，人的社会化程度提高，人才能逐步实现自己的自主性、自觉性和创造性，积极发挥自身的潜能，在社会中展示自己，实现人的全面发展。因此，制订个性化的培养方案，是激发学生学习兴趣、提高学生综合能力、实现学生全面发展的主要方式。在大数据背景下，高校应充分认识到大数据的重要性和价值，重视收集与学生相关的各种信息，通过数据分析掌握每个学生的个性差异，并据此制订个性化的教学方案。

一方面，高校应尊重学生的主体地位，在课程内容设置过程中更加尊重学生的意愿、更加注重学生的话语权、鼓励学生积极参与课程内容建设。

另一方面，高校应积极搭建大数据平台，并通过大数据技术对数据资源进行分析，充分挖掘数据价值，以设置更科学、更合理、更符合学生实际情况的课程内容。例如，搭建在线学习平台，随时记录学生的学习行为，利用系统后台根据不断更新的行为数据分析学生的优缺点、学习习惯、思维习惯等，并根据学生的学习情况不断调整教学内容。这一点可借鉴美国鞍峰学院（Saddleback College）的个性化教学改革。该学院通过高等教育个性化服务助理系统，为每个学生建立档案，完整、详细地记录学生在校期间的日程安排、学习信息及其他信息，并对这些数据进行分析，向学生提供时间管理及课程选择的建议，成

功实现了个性化教育。

（二）提升课程结构的多元性

"学科是什么？它们彼此之间是如何联系的？"这是高校课程结构设置中必然会遇到的问题。因此，应该有一个尽可能把更多知识类型纳入其中的兼容性框架体系，这个框架体系就是知识地图。知识地图能将各种知识整合起来，根据使用者的层级及关联性告诉使用者知识所在的位置，为使用者提供所需的知识。在大数据背景下，高校可充分利用大数据平台，构建知识地图，尽可能全面地收集各学科的知识；并利用大数据技术，分析学科与学科之间、课程与课程之间的相关关系，根据每个专业、每个学生群体的实际情况安排课程、确定课程进度，为每个专业量身打造课程结构，以实现各专业课程结构的差异化，增强课程结构对不同应用研究专业的适用性，从而实现课程结构与专业培养目标的完美融合，达到优化课程管理的目的。

（三）挖掘数据价值

随着经济、技术的飞速发展，社会环境越来越复杂，其在为高校课程管理和学生的成长成才提供新的机遇的同时，也带来了更多的困难和挑战。高校学生就业困难问题就是其中之一，大数据则是解决这些问题的利器。例如，针对"高校学生就业困难"与"企业招聘困难"之间的矛盾，要想在大数据的背景下解决高校和用人单位的供需矛盾，可从以下两个方面着手：

一方面是要顺应时代潮流，积极搜集有关社会变化发展的信息，包括各个行业、地区的资料数据，结合政策法规、规章制度、社会文化、经济发展、生态环境等多种信息，运用大数据分析技术对收集到的信息进行深度挖掘，对市场需求进行分析，预测未来发展趋势，并对相应的人员数量、结构、素质构成、能力要求等进行仿真模拟，适时更新课程内容，以培养相应的专业人才，增强教学内容的时代性，在企业"按需取才"与学生"对口择业"之间建立良性的互动关系。例如，国外某些高校针对目前市场需要和未来发展趋势，开设了大数据方面的课程；国内的一些高校也相继推出了大数据方面的专业知识课程，并开始实施大数据方面的教育。

另一方面是建立评估高校学生专业能力的大数据平台，收集高校学生的专业能力数据和企业的人才需求数据。通过对学生和企业数据的双向收集与分析，高校可以发现市场需求和学生的专业能力之间的差距，适时地进行课程内容的调整，并对学生进行动态的技能培训，以提高课程内容的实践性，使学生的能力与企业的人才需求相匹配。

（四）完善课程考核方式

完善的课程考核体系能够帮助高校有效地执行培养计划，实现培养目标。在大数据背景下，完善高校课程考核体系可从以下两个方面着手：

一是转变考核形式，从"静态考核"走向"动态考核"。高校可充分利用大数据、云计算等前沿技术，更新、完善教务系统，拓展学生学习的空间，对学生的学习数据，如学习次数、学习时长、完成作业所用时间、正确率等进行全面、实时、连续的记录，通过数据分析了解学生的学习态度、学习习惯、学习能力、知识掌握程度等，综合各种指标对学生进行更加全面、准确的考核，而不再单纯地以上课是否迟到、是否缺勤、是否积极回答问题、是否按时完成作业为衡量指标，也不再依赖固定的考核方式。

二是增加考核主体，从单一主体考核走向多元主体考核。现阶段的考核评价主体多以任课教师为主，无法全面参考课程各参与方的意见。在大数据背景下，对学生的考核方式可参考"360度考核法"，即收集学生本人、班级其他同学、任课教师及第三方机构对学生的思想素质、理论知识掌握情况、综合能力等的评价，利用大数据技术进行统计分析，对学生进行全面考核，以得到更客观、更全面、更准确的考核结论。通过完善的考核体系，分析学生的实际能力，从而发现课程设置中存在的不足，并及时纠偏、及时控制，达到优化课程管理的目的。

第二节　大数据在高校
学生管理系统中的应用

一、高校学生管理的定义、特性及理论依据

在高校教育管理中，对学生的管理是非常重要的一环。因此，梳理高校学生管理的定义、特性和理论依据，有助于教育管理者更好地掌握我国高校教育管理现状。

（一）高校学生管理的定义

高校学生管理是指在特定的思想理论指导下，高校经过长期实践并逐步形成开展各项学生工作的操作方法和思维模式的过程。学生管理工作是一项全面的系统工程，以思想政治教育为主导，以学习培养为核心，以学风班风建设为重点，以党建工作为主线，带动各项工作发展。高校学生管理主要的工作内容包括：对学生进行思想政治教育，规范学生的日常行为，为学生提供扶贫解困、心理咨询、就业指导等服务。

在高校学生管理工作过程中，要坚持学生的主体地位，充分尊重学生，让学生在保持强烈的好奇心的基础上，更好地进行学习，促进自身发展；要了解学生的想法，掌握学生的个性，了解学生的情感，不断发现学生身上的潜力与优点，按照学生个性因材施教，培养出具有创新精神的新时代高校学生；学生

管理工作的开展，还要充分发挥学生的主观能动性，努力促使学生进行自我管理和相互学习，最大限度地发挥学生的自我管理积极性。

以生为本，要求高校学生管理工作者真正做到尊重每一个学生，不因学生的个性差异而区别对待；关注每一位学生在学习、生活中遇到的困难；关注学生的心理健康情况，尊重学生思想观念的差异性，认真对待每一位学生提出的建议，从根本上解决学生在生活上和心理上的实际困难。这些都需要建立和完善高校学生管理体系，更新学生管理理念，营造一个良好的校园氛围，为学生提供进行自我管理和自我教育的平台。需要强调的是，尊重学生并不是任由学生自我发展，对学生在校期间的违法乱纪行为和错误的言行，仍要及时进行批评、教育和纠正。

对于高校学生，高校学生管理工作者要从思想上关心他们，使学生有坚定的政治立场，能在思想上同党中央保持高度一致，坚定永远跟党走的决心和信心；要在学习上指导他们，让学生通过思想引导和专业教育，在合乎个人兴趣爱好的基础上，制定明确的发展规划和方向目标。

从校园文化氛围层面来讲，高校要重视校园文化氛围对学生的生活、学习和成长等的影响，致力于打造温馨和谐的校园氛围，落实国家针对学生的各种优惠政策，让学生感受到国家的重视和校园的温暖。与此同时，还应引导学生提升自己的精神素养，用丰富的理论知识武装大脑，在生活中完善自己。在学生管理工作者中，高校要制订符合学生心理状态和兴趣爱好的管理计划，促进学生的全面发展。

高校要坚持从学生中来到学生中去的管理理念，并将这种理念落实到管理的每一个细节，使学生管理真正服务于学生。高校学生管理者要尊重学生的个性差异，激发学生的创造力，为学生搭建良好的自主学习平台，营造良好的学习氛围，从学生的实际生活、学习需求出发，为学生办实事，提供更多生活和学习方面的帮助。

高校学生管理工作者应从管理艺术的角度出发，逐步打造公平、公正的竞争环境，注意管理的方式方法，要与学生建立相互平等的良好关系。学生的健康成长和发展离不开管理者的正确引导和鼓励，各高校要加强学生的素质教育工作，鼓励学生自觉自愿参与学校的各项活动；激发学生的创造性，调动学生的积极性；培养学生的责任感，促进学生的全面发展，使其成为符合国家和社会要求的高素质人才。

（二）高校学生管理的特性

高校管理层的行政工作应与高校学生的特点和需求相适应，使管理工作满足不同学生的需求。当代高校学生的思想多元化特征明显，每个人都有极强的个性，也对未来感到迷茫。因此，高校必须担负起责任，制定和实施充满人性化、个性化的制度，引导学生走上正确的人生道路。

高校学生管理工作是一项专业性非常强的工作，从管理到服务，从教学到授课，每一个环节都要求管理人员具备较高的专业性。因此，高校应安排专业人才负责学生管理工作。在管理过程中，管理工作者要以动态的视角看待每一个学生的行为动向，对偏离轨道的行为，应在第一时间予以纠正。

高校学生管理工作最后都要落到实践中。高校只有不断完善管理方式，改革落后的管理体制，才能更好地满足不同时代的学生管理工作的要求。

（三）高校学生管理的理论依据

1.人本管理理论

所谓人本管理，就是坚持以人为本的管理方式。这种管理方式将"人"作为管理工作的出发点和开展管理活动的唯一依据。早在 20 世纪 30 年代，西方企业管理人员已经按照该理论，根据员工的个人爱好等，为员工安排工作。这一工作模式不仅能满足员工的经济需要，还能满足员工的发展需要。

从实践角度来说，高校的人本管理在某种程度上是以学生为本的管理。高校学生不同于企业员工，各方面都还不够成熟，高校对学生的管理不可避免地会采取制定硬性规定的方法，这一方面可以使学生快速适应学校生活，另一方面也可以使管理的效率有所提升。需要注意的是，以人为本的学校管理方式不仅强调硬性规定，还强调激发每个学生的兴趣，包括学术兴趣、课余兴趣等。

2.目标管理理论

目标管理，即设定目标并以实现目标为根本目的进行管理的方式。高校学生管理工作者可以通过设置激励方案等方法，激发学生实现其目标的动力，充分引导学生发挥自身的创造性，让目标导向成为管理者与被管理者的共识。

进入 21 世纪以来，高校管理体制不断改革，管理者也不断面临新的挑战。新的技术，如移动网络的普及，也使高校学生管理工作发生了翻天覆地的变化。如何利用互联网、大数据等技术，将管理目标变为群体目标，是每个高校学生管理工作者都必须考虑的问题。

3.过程型激励理论

过程型激励，具体而言是使被管理者在管理过程中得到满足感与获得感的管理方式。根据过程管理的理论内容，被管理者的行为动力在很大程度上取决于这种行为所导致的结果对其的吸引力，以及被管理者对在行为过程中的获得感的判断。如果结果极具吸引力且实现可能性较大，被管理者会有更强的动力。

从某种程度上说，互联网、大数据等技术的广泛应用使得学校的每一个人都能成为管理者，与之相应的是，集体的管理目标也成了每个学生的个体目标。于是，整体目标实现的可能性、结果如何，会影响每一个个体的实践选择。

二、大数据背景下的高校学生管理系统

在大数据背景下，高校对学生管理系统的研究，主要包括对学生将来表现的预测、各类学生管理系统的设计，以及学生管理系统在大数据方面的优化三个方面。

在对学生将来表现的预测方面，在传统的研究框架下，大部分的资料都是

从调查问卷和自我报告中获得的，因此样本数量很少，而且有可能被社会预期偏见所左右。在此基础上，可建立一套基于推荐体系的课程分级辅导机制，以降低学生成绩不及格的可能性。有些学者把学习分析法应用于学习前期的成绩预测和学生表现预测，结果表明，将传统的教学方式和网络教学相结合，能提高学生的预期成绩。

有专家对高校学生的校园生活进行了大量的实证研究，并以此为依据，建立了高校学生的学习行为模式与学业成绩、学术表现之间的关系模型。当前，大多数高校还无法从全局的角度对学生未来的表现进行预测，只能从课堂教学、学生生活轨迹等具体的角度进行考量。虽然部分高校在研究中已经引入了大量的数据，但是由于没有充分利用大数据的多样性，导致数据源单一，无法将各种数据源整合起来。

在学生管理系统设计方面，目前的研究大多停留在程序层面，侧重于满足辅导员、学生工作处、教务处等特定利益相关方的实用需求。例如，有研究者以 Java 和 MySQL 算法为基础，对自动化创客实验室的管理系统进行了深入研究，该研究对实验室及实验材料的使用流程进行了有效的优化。也有研究者基于 MySQL 算法和人脸识别技术，对学生考勤系统进行了优化；以 SSI 框架设计为基础，对学生工作管理系统进行了优化。目前的计算机软件设计与算法的应用研究主要是针对特定系统的设计与优化，并没有将整个系统整合起来，没有从全局、整体的角度考虑程序设计和范式设计。

对新媒体、智慧教育、大数据等的研究，也是众多教育工作者关注的话题。作为重要媒介，微信和微博已成为新媒体时代的研究热点。有研究者对借助微信平台提升学生管理工作效果的行为路径进行了探讨，结果表明，微信平台对学生的管理工作效果的提升有很大的促进作用。而智慧教育的实践，更多的是围绕着网络在线教学进行的，比如黄冈智慧教育平台、数字身份互联互通平台等，都在努力做到对教学中各个阶段的全程跟踪。

目前，很多研究者对以大数据为基础的高校学生管理系统的研究主要集中在对人才培养目标的设计上。有学者利用大数据对人才市场的需求差异进行了分析，并针对差异化人才培养目标进行了方案设计，有利于满足人才市场的需求。也有学者以大数据为基础，探讨了可视化工具在不同学生管理工作中的作用。从上述的研究和探讨中可以看出，教育大数据在高校与学术界的应用得到了越来越多的关注，并且已经得到了很好的发展。

（一）现有的高校学生管理系统的分类

目前，我国高校多采用各种不同的系统对学生进行管理，各系统的归属端口不同，数据共享程度低，常常出现重复录入数据或数据缺失的情况。高校可能用到的学生管理系统如下：

1.教务系统

教务系统主要承担与教学课程相关的学生管理工作，包含学生所学专业、年级、班级等基本信息，以及学生选课、学生课程表及期末课程成绩信息。学生可以通过教务系统提交毕业答辩申请和奖助学金申请等。其中，奖助学金申请在学年之初最易受到学生的关注，特别是贫困生。奖学金有明确的成绩要求，依据的是年度成绩排名，通常不会引起争议，但贫困生的数据收集往往是不充分的。由于学生仅需提供生源所在地的贫困证明和说明材料，而各地对贫困证明的要求不统一、说明材料的真实性难以判断，导致材料无法真实有效地反映学生的实际情况。由此可见，单纯依靠教务系统提供的信息可能导致不公平情况的出现。

2.学生工作系统

学生工作系统是主要为学生服务，方便学生日常学习和生活的系统。它的功能有很多，如收集学生基本信息，方便学生提出请假、外宿申请等。在学生工作系统的使用过程中，常常由于现实问题，一些功能无法发挥作用。例如，有些教师可能由于事务繁多，不能及时批复学生的请假申请，导致学生请假失败；也有一些教师习惯用传统的请假条方式批复学生的请假申请。因此，相比其他功能，学生工作系统的请假申请功能的使用率比较低。

3.一卡通系统

在学校很多地方都需要用到卡，但是各种卡聚集在一起就会比较乱，也不方便携带。因此，学校开发出一卡通系统，无论是吃饭、打水、洗澡，还是借书、自习，学生都可以用到一卡通。实际上，一卡通还是一个手机动态信息流的系统。通过一卡通对学生不同时间段的行为数据进行收集，可以分析出学生在校园中的生活、学习等方面的行为模式。目前，大多数高校内主要是后勤部门负责一卡通系统的管理与数据收集工作，学校一般将一卡通系统作为学生校园生活的辅助用品，对于收集到的信息并没有足够的重视。

4.招生就业系统

与其他日常使用的系统相比，招生就业系统的使用周期比较短。一般情况下，招生就业系统由招生就业处管理，其主要功能是收集学生的生源信息以及就业信息。通过收集到的信息，学校可以调整培养目标和培养方案，还可以为人才培养效果的评估提供数据支持。学生要通过招生就业系统确认自己的就业相关信息以及档案的归属地点。

5.考勤系统

考勤系统，顾名思义，就是辅助教师课堂上的考勤工作的系统。目前，很多高校都引入了考勤系统。考勤系统采用的技术主要分为两类：一类是打卡机，另一类是人像识别技术，这两种技术各有其优缺点。打卡机的优点是便于普及推广，设备的成本也比较低，学生用现有的学生证或者一卡通就可以进行打卡；缺点是不够智能，可能会出现一人多次打卡的情况。与打卡机相比，人像识别技术比较智能，识别的准确度也比较高，能够有效避免多次考勤的情况，但是人像识别技术的设备成本相对较高，由于目前技术尚不稳定，识别效果不可靠，而且识别速度比较慢，难以满足考勤高峰期时的识别要求。

主动或被动收集到的学生信息是各系统的数据基础。基层学生工作者，如辅导员，有查询和操作教务系统、学生工作系统、招生就业系统、考勤系统的权限，但无法接触到学生一卡通系统的数据，只能获得少量学生图书馆使用情况的数据。家长作为学生培养过程中重要的利益相关者，没有与整个系统建立紧密的联系，仅能获得来自辅导员的信息和来自子女的信息。

用人单位作为学生培养的另一利益相关者，能够获得的学生信息主要来自学生提供的简历和三方协议等，无法真正在选人过程中了解学生的各种能力或其他个性特征。高校各部门之间并没有形成有效的数据分享机制，各部门有自己的数据库，按照自己收集的数据进行决策。这些问题不仅会导致数据利用不充分，还会导致学校层面的决策冲突的情况。

总之，现有的学生管理系统面临四个方面的问题：

一是信息重复录入。教务系统、学生工作系统、招生就业系统等都需要学生录入个人基本信息，导致信息的重复收集，不仅造成学生信息的使用不便，而且会产生大量冗余数据。

二是信息孤岛现象。考勤系统、一卡通系统、教务系统、学生工作系统间缺少信息共享。现有的数据分析都是针对特定的系统的，导致许多规定流于形式。例如，通常学校规定每学期缺勤次数超过阈值，该生该课程成绩就为不及格。但实际上，教务系统并未及时提示教师这一情况。

三是数据格式不统一。这增加了数据收集、筛选的难度，不利于数据的整合、分析。

四是考核周期过长，对学生的管理和危机处置属于事后管理。现有系统的反馈周期少则一学期，多则一学年甚至更长时间，辅导员、学生、家长获得反馈信息的时候已经难以改变既定事实，只能在之后的学期或学年分阶段弥补。事后反馈和管理是一种滞后的表现，会对学生之后的学习和生活产生比较严重的影响。

（二）大数据背景下学生管理系统的模型构建

学生管理系统可以输出学生在校期间的信息，能将学生的各种数据流进行分析归类的学生管理系统，才是有效的学生管理系统。根据生命周期理论，可以将学生的大学生涯划分为四个时期，即萌芽期、发展期、成熟期和消散期。这四个时期与高校的学年基本上是一致的，在不同的发展阶段，学生输出的是不同的信息。

在学生大学生涯的生命周期内，数据流一般可以分为三类：按时点流向学生的数据、按时点学生产出的数据和全周期的学生数据流。

在不同的阶段，按时点流向学生的数据是不同的，这些数据也表现出不同的特征。在萌芽期，学生接收到的是专业设置、基础课程安排以及心理健康辅导等信息，这些信息能帮助学生更好地适应大学生活；在发展期和成熟期，学生接收到的信息基本相同，主要是有关课程安排、实践活动安排等的信息；在消散期，少部分学生还在上课，大部分学生已经开始准备实习，还有一部分学生在备考，这时学生接收到的信息大多是关于毕业指导、就业指导等的信息，这些信息能帮助学生更好地完成从毕业到就业的过渡。

按时点学生产出的数据一般在期末产生。在萌芽期、发展期和成熟期，学生产出的信息是一致的，主要是对前期的反馈结果，在消散期，产出的主要信息是学生是否能够毕业以及毕业后的流向。这些流入流出的数据信息是高校管理学生的主要依据，从数据流入到结果产出常常要有一个很长的周期，而且在这个周期内，反馈很少。

通过引入大数据对这些流数据进行分析，可以获得三条在整个周期内一直贯穿始终的信息流，即校园生活数据、社会活动数据与流媒体数据。高校将这三条数据与学业数据进行结合，能够更加全面地刻画学生的能力和特点，为他们提供更加合适的个性化培养方案，同时，能在消散期为学生提供更适合他们的职业发展建议等。

有效的学生管理系统应该是全过程管理的系统，不仅有事后的处置，更重要的是有事前干预与事中控制，以降低不良结果产生的概率。大数据技术的产生和应用为学生培养的过程控制提供了更多可能。利用大数据，高校可以将现有系统整合为新的学生管理系统，主要包括基础数据收集分析系统、学术表现管理系统、奖助学金评选系统、日常表现反馈系统。

1.基础数据收集分析系统

基础数据收集分析系统的主要功能是收集学生的各种信息，如学生的姓名、班级、学号、家庭状况等。这些数据信息对各个系统开放，收集完成后被传送到其他系统中。基础数据收集分析系统可以实现数据的一次性收集和更新，同时允许学生对信息进行更新，还能够判断收集到的信息的真实性。

2.学术表现管理系统

学术表现管理系统是学生培养过程管理的重要组成部分，需要对一卡通数据、考勤数据和教务系统数据进行协同分析。辅导员通过对一卡通数据的分析能够了解学生的学习、生活行为模式，结合课堂考勤情况和期末课程成绩的分析，可以得到学生在校行为模式与学术表现的预测模型。

运用预测模型分析学生的一卡通使用状况和考勤状况，能够较为准确地预测学生的未来表现。当学生旷课频率接近阈值，或者生活模式偏离正态分布时，该系统会向辅导员发出预警，督促辅导员及时与学生和家长沟通，了解学生近期学习、生活上的困难，帮助学生调整学习状态，避免课程成绩不及格情况的发生。

学术表现管理系统将线上教学与教师的课堂教学相结合，有利于学生更好地进行学习，同时有利于教师对教学过程进行监督。运用移动互联网技术，学生可以在课前通过在线教育平台完成课程的预习，还可以上网查询解决一些不理解的问题，完成教师课前预留的思考题。

在线教育平台也可以获取学生的一些信息，其中包括个人信息以及学习信息，通过对学生的学习时间、学习频率等信息进行记录并分析，教师可以了解学生的学习状况和不同学生学习的特点，也有助于教师改善自己的授课方式以及授课内容，因材施教，对于不同的学生实施个性化教学。多样化的课堂教学方式有助于调动学生的学习积极性。

3.奖助学金评选系统

在大学阶段，学生可以申请奖学金和助学金。其中，奖学金主要是根据学生的学习成绩进行评选，而助学金主要是根据学生的家庭情况以及一卡通消费数据等进行评选。对学生来说，评选的结果可以看作是阶段性反馈的重要指标。学生的奖助学金评选，要坚持公平性的原则，要结合学生的考勤数据、生活行为数据以及各类活动参加数据等，评选出最适合的学生。另外，奖助学金评选系统还能帮助学生全面发展自己，实现全面培养的目标。根据不同的培养目标以及人才特征，在考核指标中加入有关的关键指标，通过对不同学生的活动情况、获奖情况等进行全方面分析，对学生进行个性化培养。

4.日常表现反馈系统

该系统建立在对动态数据流的分析上。通过对收集到的一卡通数据进行分析，构建一个学生校园生活模式的模型，包含合理的用餐时间、进出图书馆的频率等。该系统在实际运行过程中，除了一卡通的动态数据流，还需要加入学生考勤的数据流，分析学生缺勤与异常生活行为的关系。系统将此异常结果反馈给辅导员或者家长，并结合该生已有的成绩表现，相关教师、其他学生对该生的评价，以及该生的校园网络使用情况等，判断该生的行为是突然发生的行为转变还是持续性的行为偏离。及时将信息反馈给学生、家长和辅导员，可以帮助学生修正不良的行为。

基础数据收集分析系统是培养、管理学生的基础，主要职能是信息收集。学术表现管理系统是过程管理的重要环节，是缩短反馈周期的关键步骤。奖助学金评选系统一方面是对学生学术行为表现的正反馈，另一方面也对促进学生全面发展具有重要作用，因为直接的外部动力可促使学生更加主动地参加专业竞赛、双创活动等，全面提高自己的能力。日常表现反馈系统则大大缩短了异常信息的反馈周期，便于教师和家长及时有效地干预学生的异常行为。

（三）大数据背景下完善高校学生管理系统的对策

1.使学生数据类型多元化

现阶段的学生在校数据由不同的部门按各自需求分别收集，样本数量相对较少，数据收集周期相对较长、反馈慢，如课程成绩数据按学期产生，奖助学金评选数据按年产生。数据类型多以表格的形式呈现，没有收集音频、视频、图像等形式的数据，使得数据间相互印证效果差。例如，在混合教学模式下，评估教学效果时无法确认学生成绩与传统课堂讲授模式的关系。基于现有公共空间的监控设备，运用人像识别技术，能更好地分析学生课堂行为模式与学术表现的关系。

2.外包系统设计

目前，高校学生管理系统的设计主要采取自行设计或者定制系统的方式，各部门自行决策，部门间的协调性差。大数据平台的设计需要各部门提供可互通信息的系统。依靠部门或者教师自行设计难度高、工期长，将系统设计外包给专业的大数据平台设计公司，能够在实现定制化的基础上缩短工期，有助于系统功能的发挥。

3.开发学生表现预测系统

现有系统提供的基本是事后数据，而引入大数据技术，开发学生表现预测系统，意味着高校能够获得持续的、更具时效性的数据流。这样的数据流有助于形成动态的预测模型，高校通过对学生校园生活、课堂表现、成绩等数据的分析，预测学生短期和长期的在校表现情况，并通过更为全面的信息分析，确定不同学生的能力分布情况，从而帮助学生更好地进行职业生涯规划，确定进一步发展方向。学生表现预测系统发展成熟以后，不仅可以用于高校人才培养管理，还可以以有偿服务的形式供有相关需求的学生家长或用人单位使用。

第三节 大数据在高校
图书馆知识服务中的应用

在高校，图书馆是一个很重要的地方，它是实现高校教育管理信息化的重要场所。随着科学技术的发展，图书馆的服务水平得到了提高，服务内容与服务形式也变得多样化，从文献信息服务到个性化知识服务，功能多样。然而，目前图书馆内大量的馆藏资源还没有得到充分挖掘，这是一个巨大的损失。图书馆知识服务还存在不足之处，如服务内容知识性和个性化不足，服务形式缺乏主动性等。当前，大数据技术的广泛使用为高校图书馆推进主动性服务和个性化服务提供了可靠的技术支撑。

一、相关概念

（一）知识服务模式

某一事物的标准形式、解决某一类问题的系统性方法，都可以称为模式。为用户提供知识性服务的某些手段和方法，叫作知识服务模式。在知识服务模式中有很多要素，这些要素之间是相互关联的。目前，个性化定制推荐服务、知识库服务以及数字化参考咨询服务等都是比较常见的知识服务模式。

（二）高校图书馆知识服务模式

与普通科研机构相比，高校图书馆具有更复杂的功能。它不仅能辅助学生和教师进行科研，还可以辅助教学，指导学生进行学习。为了实现辅助教学的功能，高校图书馆需要了解学生的需求，根据学生的需求提出具体的参考意见，指导学生学习，有针对性地提供知识服务，实现自己的价值，在这一过程中用到的某些手段和方法，就是高校图书馆知识服务模式。

二、高校图书馆开展知识服务的必要性

在新的历史时期，知识服务已经成了一个新的潮流。对于高校图书馆来说，知识服务是其必须要具备的核心能力。在互联网技术得到充分发展之前，图书馆主要作为文献存储地，主要功能是进行文献服务。后来，随着信息技术的不断发展，高校图书馆的文献服务功能逐渐被网络取代，高校图书馆文献服务的价值不断降低。在这种背景下，图书馆的传统服务模式受到了挑战，不得不寻找新的发展机会。

随着信息技术的发展，图书馆的文献服务也在逐渐自动化，信息化程度逐渐加深。尽管图书馆内有海量的文献资料，但是由于无法将这些资源互相联系起来，导致知识无法产生联系，不仅增加了用户查找、整理的时间成本，还导致那些文献资源无法得到有效利用。因此，图书馆文献服务必须向着知识服务的方向转变。

在当今学科分支众多且高度交叉的科研背景下，图书馆用户的信息需求也发生了变化，变得更加复杂。传统信息服务很难满足用户多学科交叉的信息需求，因此网书馆需要转变职能，从传统的信息服务转向面向知识内容和注重知识联系的知识服务，满足信息用户的个性化需求。

三、高校图书馆面临的大数据环境

高校图书馆拥有十分丰富的馆藏资源，且类型多样。由于在高校之内，高校图书馆的用户主要为教师、学生以及部分外部委托用户，用户数量大，而且呈现出知识化、年轻化的特点。这些用户对于图书馆内的知识服务要求较高，用户需求也比较多元化。随着信息技术的发展，尤其是移动互联网的出现，用户可以通过手机或者其他移动设备访问图书馆的内网。在这个过程中，图书馆系统可以获得大量的用户行为信息，有助于图书馆系统了解用户需求，并作出改进。总体来说，高校图书馆掌握了大量的馆藏资源与用户行为信息，这些资源与信息共同构成了图书馆的大数据环境。

（一）海量且类型丰富多样的馆藏资源

我国高校图书馆的馆藏文献众多，且随着时间的推移及信息技术的发展，馆藏文献的数量还在不断增加。在图书馆内，不仅有纸质文献，还有电子图书、声像资料等。近年来，随着数字化技术的发展，数字图书馆逐渐出现在人们的视野中，馆藏数字资源的增长速度逐渐加快，超过了印刷馆藏资源。

高校图书馆内不仅馆藏量巨大，馆藏资源类型也十分丰富，其中包括电子资源与印刷资源。电子资源主要包括特色资源库、电子图书、音频资料、视频资料等。印刷文献主要包括期刊、图书等。在大数据背景下，各种电子资源不断增加，数据信息更为繁杂，给高校图书馆的知识服务带来了一定的挑战。

（二）多元化的用户需求

高校图书馆的用户量十分庞大，而且相较于公共图书馆，高校图书馆的用户群体更加固定。在当前大数据环境下，用户需求的多样性和动态性给高校图书馆的知识服务模式带来了一定的挑战。

随着网络信息技术的飞速发展，图书馆内的电子馆藏文献以及多媒体资源逐渐增多，图书馆用户的要求也越来越高。用户的需求越来越多元化，对于信息的获取更加迫切。其中，用户的多元化需求主要体现在三个方面，即用户多元化、资源需求多元化和服务需求多元化。

简单来说，用户多元化就是指用户的类型不同，虽然高校图书馆主要的用户是校内的教师和学生，但是用户的类型并不仅仅包括这些，还包括一些企事业单位的科研人员以及短期培训的学员等。这些用户的类型十分多样，其需求也各有不同，尽管属于同一种类型的用户，其需求也是不完全相同的。资源需求多元化是指图书馆要为用户提供形式更加多样、内容更加丰富的资源，如图书、期刊、电子书资源等。服务需求多元化是指用户对图书馆的服务内容与服务方式提出了更高的要求。

在大数据时代，信息技术飞速发展，图书馆内传统的服务内容与服务方式已经不能满足用户的需求。用户需要更加精细化的、具有针对性的服务。用户不仅对图书馆的文献查询内容与速度有要求，还要求全天候、零距离的知识服务。在用户学习或者进行相关研究的过程中，图书馆要做到嵌入式服务，帮助用户筛选出最需要的馆藏资源，同时为用户提供有关资源。为了满足用户的研究需求，图书馆还要为用户提供科学数据服务，在用户的研究过程中，帮助用户有效地管理大数据，提高其数据处理能力。

（三）海量的用户行为信息

信息技术的发展以及互联网的普及为人们检索信息提供了便利，越来越多的用户开始通过互联网检索和浏览信息，互联网用户的年龄也逐渐呈现出年轻化的趋势。近年来，高校图书馆的馆藏资源不断完善，不仅有各种纸质文献，还有各种数字化资源。由于图书馆馆藏资源越来越丰富，加之获取资源的方式越来越便利，高校图书馆网络逐渐受到一大批用户的喜爱。

用户利用高校图书馆网络获取资源和信息，在这个过程中，用户也会留下海量的行为信息，如点击信息、浏览信息、借阅信息、访问时间等。高校图书馆平台捕捉到这些行为信息并加以分析、利用，可以分析出不同用户的行为特点以及用户各个行为之间的关联性，理解用户的偏好，从而更好地为用户提供服务，维护用户关系。

四、大数据背景下高校图书馆的变革

（一）服务理念和服务方式

1.服务理念

在信息技术飞速发展的大数据环境下，高校图书馆面临着更加严峻的挑战。要跟上时代发展的步伐，就需要不断变革。因此，高校图书馆在用户服务理念方面进行了较大的变革，主要包括以下三个方面的内容：

第一，高校图书馆的核心发生了变化，由以前以资源建设为核心，转变为以用户为核心。目前，一些高校图书馆仍然过分追求馆藏资源的丰富性，重点关注其资源建设，不重视用户的体验。近年来，随着信息技术的不断发展，有一些高校建立了网络自助服务平台，借助这个平台，用户可以随时随地查询资源，十分方便。

但是由于高校图书馆的馆藏资源十分庞大，类型丰富，用户利用网络自助平台查找资源会花费太多的时间。大数据技术的引入有助于改善这种状况。图书馆自助服务平台的目标是在内容层面分析馆藏资源并将其整合成一个馆藏资源知识网络，在获取用户的行为信息时，平台可以对行为信息进行分析，了解用户的信息需求，然后为用户提供有针对性的信息，并提供个性化定制服务，真正做到以用户为核心。

第二，提高高校图书馆的服务质量与效率。在大数据环境下，高校图书馆也需要不断地发展创新，才能够增强自身的竞争力，不至于被社会淘汰。传统的高校图书馆提供的服务较为简单，仅仅是作为资源的储藏地而存在，比较缺乏竞争力。随着大数据技术的逐渐成熟，大数据服务也逐渐发展起来。用户在开展学习活动和科研工作时，需要获得更好的服务，因此大数据服务逐渐成为一个新的高新服务产业。高校图书馆要顺应社会的要求，将大数据服务融入图书馆服务中，这样才能增强自身的竞争力，吸引更多的用户。

第三，用户身份的转变。在大数据环境下，高校图书馆要深挖隐性知识。用户不仅是服务对象也是服务的提供者，他们是隐性知识的载体。要重视用户服务主体的功能，使用大数据技术分析用户的行为信息，识别出用户的知识组成与知识结构，帮助用户与资源互相匹配，从而帮助用户解决问题。在高校图书馆内利用大数据技术，有利于形成更加个性化的、有针对性的知识服务，同时有助于图书馆转变服务理念。

2.服务方式

随着信息技术的发展，高校图书馆紧跟时代发展的步伐，实行了很多变革性措施。借助信息技术，高校图书馆推出了很多服务，如专题知识库服务、随时随地查阅服务、相关推荐性服务等。目前，高校图书馆提供的服务可以划分为三大类，即咨询及查询服务、资源借阅服务、教学辅导服务。

其中，咨询及查询服务主要是指师生对一些问题的查询，包括科技查询、论文收录引用检索服务等；资源借阅服务主要是指师生对于馆藏信息资源的借阅，包括馆际互借、自主借阅等；教学辅导服务包括教学培训课程、国际论文分析等。从服务内容上来看，目前高校图书馆的服务模式仍然以信息服务为主，比较缺乏针对性；从服务方式上来看，目前高校图书馆的服务模式主要是被动服务。

要想使高校图书馆的服务更具针对性和主动性，就必须将大数据技术引入高校图书馆，更好地进行知识服务。利用大数据技术，高校图书馆能够快速地对海量信息进行分析和处理，从而找到数据间的关联性，建立一个庞大的图书馆知识信息资源体系。

（1）服务方式从被动到主动

在高校图书馆内，传统的服务方式主要是图书馆工作人员被动地接收用户的需求，根据需求为用户提供服务。随着信息技术的发展以及大数据时代的到来，这种被动的服务方式已经满足不了用户日渐增长的需求，也无法及时了解用户的信息需求，不利于实现高校图书馆的价值。因此，需要改变这种滞后的被动服务方式。

大数据技术的发展为高校图书馆服务方式的改革提供了机遇，高校图书馆可以通过大数据技术收集用户的行为信息，如点击、借阅、收藏、评价等信息，通过对这些行为信息进行分析，高校图书馆可以获得用户的兴趣偏好，从而更加有针对性地为用户提供个性化服务，提高图书馆内资源的利用率。

（2）服务方式智能化

在高校图书馆的知识服务中引入大数据技术，还能够使知识服务更加智能化。高校图书馆知识服务方式的智能化主要体现在以下几个方面：

第一，利用大数据技术，高校图书馆能够获取用户的行为信息，通过对这些行为信息进行分析，图书馆能够更清晰地了解用户的需求和偏好，从而更加有针对性地向用户推送个性化的服务信息，也有利于高校图书馆更好地开展图书馆馆藏资源的采购工作，避免馆藏资源的浪费。

第二，借助大数据技术，高校图书馆可以对用户的行为信息进行分析，收集一些出现频率比较高的用户咨询的问题，然后针对一些常见问题设置自动回复，减轻工作人员的压力，为用户提供更加便捷的服务。

第三，运用大数据技术和机器学习技术，高校图书馆可以对馆藏资源进行整理、分析，使之成为一个系统的知识网络，使服务的内容知识化、网络化，有利于加深用户对知识信息的了解。

（3）服务方式个性化

目前，随着大数据时代的到来，高校图书馆也推出了一些针对用户的个性化服务，主要包括两个方面，即推荐服务和个性化定制服务。其中，个性化定制服务主要为用户推送相关的专题信息，但是推送的信息并不规范，过于散乱，甚至会出现将相同的专题信息推送给不同的人的问题，并没有实现个性化定制。推荐服务主要包括热门推荐、相关推荐、电子资源推荐、购买链接推荐等。高校图书馆要实现服务方式的个性化，就必须了解用户的个性化需求。用户的个性化需求主要可以分为三类，即服务时空的个性化、服务过程的个性化、服务内容的个性化。

第一，服务时空的个性化，在大数据时代，高校图书馆要满足用户不受时间与空间限制、随时随地查阅信息资源的需求。第二，服务过程的个性化，对于服务的过程，用户需要得到能够根据自身信息需求和喜好定制的服务。第三，服务内容的个性化，当用户的行为发生变化时，推送给用户的信息也要进行动态调整，以满足用户在不同时期的需求。

大数据技术的发展，使得高校图书馆的服务发生了很大的变化。目前，高校图书馆的知识服务越来越有针对性，这与大数据技术的支持是分不开的。通过运用大数据技术，高校图书馆能够为用户提供个性化的服务，将一些信息加工整合之后提供给用户。图书馆数据平台获得用户的行为信息之后，利用大数据技术对信息进行分析，从而将用户按照行为信息的特点进行分类，以便为其提供更有针对性的服务。

高校图书馆还能提供一个平台，促进用户之间的交流互动，使用户从服务的接收者变为服务的提供者，有利于信息的流动与资源的共享。高校图书馆利用大数据技术对用户的行为信息进行分析之后，还可以对用户需求的服务过程进行预测。

（二）组织机构和人员配置

在高校图书馆内，有许多业务部门，这些业务部门共同维持着图书馆内各种服务的正常运行。其中，主要的业务部门有采编部、信息咨询部、情报部等。然而，尽管处于同一图书馆，这些业务部门之间并没有很深的交流，各自比较独立。在大数据环境下，这种"各自为政"的工作方式是行不通的。根据用户对图书馆高质量、高效率的知识服务的要求，高校图书馆内的业务工作人员必须相互配合，加强交流。因此，高校图书馆内的业务部门必须通过专业职责的划分，加强部门之间的联系，各个部门之间应互相交流合作，共同满足用户对知识服务的要求。

具体来说，在大数据环境下，高校图书馆要转变部门机构的核心，由之前传统的以馆藏部门为核心，转变为以大数据技术支持部门为核心。以大数据技术支持部门为核心部门，主要原因有两个：一是因为大数据技术支持部门是基础设施和资源建设服务的对象，二是因为大数据技术支持部门能为其他部门进行决策和服务提供支持。要实现知识服务，就离不开大数据技术的支持。只有在大数据技术的支持下，才能为用户提供更加符合需求的、更加精准的服务。

随着信息技术的发展，用户对图书馆的知识服务的要求越来越高。高校图书馆要提高知识服务的水平和质量，就需要更好地利用用户资源和大数据技术，而这对图书馆工作人员提出了更高的要求。图书馆工作人员不仅要掌握传统的知识技能，还要掌握大数据技术的相关知识和技术手段，更好地运用大数据技术，满足用户的要求。

在高校图书馆内，人员配置主要包括两种，一种是业务馆员，一种是研究型馆员。在当今大数据时代，高校图书馆内缺乏高水平的专业技术人员及大数据相关人才，由于技术与人才的匮乏，高校图书馆内很多优秀研究成果难以得到深入利用，导致资源浪费。将大数据技术应用于知识服务，有利于高校图书馆招聘大数据技术人才和分析人才。高校图书馆要成立相应的大数据技术支持部门，还要有一定的资金支持，这样才能有助于大数据技术支持部门的扩大，调动人才的积极性。

（三）资源建设

高校图书馆的馆藏资源十分丰富，有些高校图书馆的图书资源甚至达到上百万册，类型多样。随着信息技术的发展，近些年来，数字图书馆也已经逐步成型，形成了一个多样化的馆藏资源体系。目前，高校图书馆的资源建设水平已经大大提高，但是仍然存在着一些问题：对于已有的馆藏资源来说，高校图书馆并没有给予足够的重视，没有充分实现资源的有效利用；高校图书馆内的馆藏资源较为分散，未形成一个比较完整的知识网络，知识之间缺乏深度联系，师生在查找与利用资源时较为困难；各个高校图书馆的馆藏资源之间缺乏共享性，降低了馆藏资源的利用率。

要实现高质量、高效率的知识服务，高校图书馆的首要任务就是构建一个资源知识网络，即运用大数据技术，对图书馆内的资源进行有效的管理和整理，帮助用户更加有效地发现和利用资源，获取自己所需的知识。

运用大数据技术，高校图书馆还可以获取用户的行为信息，根据用户的行为信息对用户进行全面而细致的分析，从而更加清楚地了解用户的信息需求，这有助于保证高校图书馆资源采购的准确性，避免资源浪费。

大数据技术和知识服务的工作量和实施难度比较大，对于不同高校图书馆来说，互相合作交流有助于资源共享，提高资源的利用率。另外，利用大数据技术还可以实现馆藏资源之间的多重知识关联，将分散的资源整合起来。

第四节　大数据在高校
教务管理工作中的应用

一、大数据在高校录取工作中的应用

（一）目前高校录取机制存在的问题

1.录取形式单一

随着社会的发展，我国已步入高等教育大众化的阶段，但当前我国高校对人才的选拔仍然采用考试的方式，录取形式单一，将考试的分数作为衡量学生的单一指标，评价指标过于简单，存在"一刀切"的现象。普通院校仍然以分数作为录取学生的标准。对此，教育主管部门与各高校应探索多样化的录取机制，以满足社会发展的要求。

2.忽视学生的全面发展

当前，我国高校录取机制的问题突出，录取制度不够完善。素质教育要求促进学生的全面发展，高校录取机制却以学生的分数为录取的标准，忽视学生的全面发展。素质教育不仅对学生成绩有要求，还要求学生的身体与心理能够健康发展。我国高校的录取机制只从分数上来判断学生的智力发展状况，片面地将分数作为录取学生的唯一标准，这在一定程度上阻碍了学生的全面发展。

3.信息制度的缺失

信息制度缺失体现在两个维度：从学生维度分析，学生获取学校信息的渠道较少，仅能通过学校的官方网站了解该校的教育资源和师资力量，信息公开制度的不完善导致学生无法准确地获取更多有效和准确的信息，在择校方面陷入了困境；从学校维度分析，我国高校目前对学生的选拔标准只是依靠分数这一单一指标，高校没有更多的途径获得学生各个方面的信息。造成上述问题的原因是教育领域缺乏高校录取系统化数据库，对学生的综合素质的考量和判断缺乏数据的支撑，不能形成整体性的考核指标体系。

4.缺乏系统多元的评价体系

目前，我国高校录取机制的评价体系仍然比较单一，主要根据高考分数对学生进行评价。我国经济社会发展水平存在地区差异，东西部地区经济发展不平衡，一些农村地区、少数民族地区信息化网络不完善。高校录取机制中缺乏多元的学生评价体系，难以衡量学生的价值观、思维模式。尽管目前大数据技术飞速发展，但我国高校管理中的数据共享程度仍然不高，在数据分析和采集等方面尚不成熟，还没有一个比较完善的数据共享机制，利用大数据技术的学生多元评价机制仍不成熟，与数据管理相关的一些政策法规也不够完善，相关人员没有深入挖掘数据共享的观念。构建系统多元的学生评价体系，需要解决上述问题。

（二）大数据背景下完善高校录取机制的重要性

1.有利于实现个性化教育

利用大数据建立多元化考核评价体系，在一定程度上可以客观评价学生的综合素质和个性特长。分数只是衡量和评价学生学习能力的一个基本标准，将学生的综合素质和个性特长纳入评价体系，不仅有利于高校对学生进行综合评价，还有利于展现学生的特质、发挥学生的特长。大数据技术可以用于划分学生群体，识别学生个性发展的早期需求；可以通过辨别学生在择校早期出现的需求和问题，及时提供建议；可以识别和分析不同学生群体的能力，更好地帮助学生了解学校。同时，大数据技术也能够让高校更好地了解学生群体，更精细化地对学生进行分类，发现学生的个性化需求，从而实现个性化教育。

2.有利于提高入学率

大数据能够给学生带来极大的便利。学生能借助大数据网络平台，了解学校的教育资源、教学设施、师资力量，以及该校学科的专业性，依据个人的爱好来选择高校。大数据技术可以利用已获得的个人评估信息，运用系统分析方法进行匹配，帮助学生分析选择哪所学校较为合适，进该校的概率是多少。从学生层面分析，运用大数据技术，学生能更准确地选择适合自己的高校。从学校层面分析，高校可以通过大数据挖掘学生的潜力，提高生源质量，同时能够有针对性地培养专业人才。

3.有利于体现公平性

考试、升学、高校录取，其实是信息战，学生和高校可获得的信息不全面、不准确，会影响到社会公平。高校在招生中采用大数据技术，完善录取机制，在一定程度上体现了高等教育的公平性，使不同个性特点的学生能接受适合自己的高等教育。利用大数据技术，高校能够对比除分数之外的因素，打破将分数作为唯一录取标准的模式，从而全面地关注素质教育倡导的观念、兴趣、情感和发展过程等个性化因素。大数据将这些因素作为可以量化的指标，在同一群体中进行对比，在一定程度上体现了公平性。

4.有利于推进录取方式多样化

利用大数据技术，高校可构建一个评价标准多元化、科目组合多样化的评价体系，推进录取方式多样化。相较于单一的评价体系，多元化评价体系比较自由，但同时，多元化评价体系的缺点也十分明显。例如，在评价时个人主观性比较强、评价标准不一等。为了弥补这些不足，在评价时需要进行大量数据的整合与分析，科学合理地限定招生比例，以便录取更多有不同特点的人才。在某一方面表现比较优秀或者具有明显发展潜质的人才，都有可能成为被高校录取的对象。

（三）大数据背景下完善高校录取机制的路径

1.树立发展与创新意识

在大数据时代，推进高校录取机制的发展和创新，首先需要各高校树立发展与创新意识，增强对数据的敏感性，创新录取工作流程与机制。数据管理人员应提高自身的数据管理能力，利用大数据平台，发掘数据的潜在价值，提高数据的利用效率，最大限度地满足学生的需求，同时为学校挖掘优质的学生，给学校的录取工作带来便利。

2.提升学生与学校和专业的匹配度

在选择学校时，学生可以利用大数据技术深入了解学校和专业，明确自己是否适合某个学校和专业。一方面，学生要了解自己，进行自我评估，评估的指标包括客观指标和主观指标。其中，客观指标包括成绩、参与竞赛情况、获奖项目等，主观指标包括心态、个人能力、兴趣爱好等。将这些主观指标与客观指标聚集在一起，构成学生的个人学术机构资料库。另一方面，学生为了了解自己与学校和专业的匹配度，应定期收集各高校、专业的资料，其中包括高校招生的要求、专业的具体要求等，根据这些信息形成一个数据源，对反馈的数据进行分析，找到其中特殊的指标，形成分析策略，从而提升学生与学校和专业的匹配度。

3.完善数据库共享平台

在对学生的信息进行收集之后，要将这些信息集合起来建立一个数据库，然后将学生的信息与各高校的信息相互对应起来，这样有助于学生找到适合自己的院校，也有助于高校选择录取合适的学生。除此之外，还应完善数据库共享平台，这个平台一方面能够帮助高校针对学生的兴趣制订培养方案，选择合适的有潜力的人才；另一方面还可以帮助学生继续学习自己感兴趣的课程。在对双方进行数据采集的过程中，可以将数据分析和共享平台结合起来。共享平台的主要模块包括学生端和高校端，根据现实中的使用情况不断实时更新数据。另外，共享平台还包括信息追踪反馈机制，利用这个机制可以将学生或者高校的各种信息和成果做成报表，有利于学生和高校进行自我评估。

4.完善规章制度

完善的规章制度能够有效地促进高校录取工作的进行。在信息化时代，大数据给人们带来便利的同时，也使学生的隐私面临着被暴露的风险。在个人层面，数据使用者应将道德规范和制度标准作为使用准则。高校在大数据挖掘与分析的过程中应始终把学生数据的安全放在第一位，在进行深层次数据挖掘和使用个人数据时，以及将大数据技术应用到高等教育与招生管理方面时，都应严格遵守法律法规，不侵犯学生的隐私。在法律法规方面，相关部门要完善有关法律法规，健全对数据的监管和保密制度，加强对数据安全的保护，构建相关责任人的责任承担机制。

5.构建合理的录取机制

完善的大数据系统需要构建"执行—预警—反馈—调整"信息统计分析管理系统，该系统能收集各个高校的招生信息、学生信息，及时进行信息的统计、分析，对高校端与学生端互相匹配中出现的特殊状况进行及时反馈。管理者需要探讨特殊状况产生的原因，对有可能发生的情况进行及时、合理的调控。

二、大数据在高校贫困生精准识别工作中的应用

（一）相关研究

大数据应用于高校贫困生精准识别对于提高高校资助贫困生的准确度有一定的实践意义。目前，我国高校精准贫困生资助的研究成果逐渐增多，在一定程度上丰富了该领域的研究。

针对高校贫困生资助状况，目前国内学者从三个方面进行了研究，分别是贫困认定研究、资助政策研究和资助模式研究。

从贫困认定方面来说，王秀民认为在民族高校少数民族贫困生的认定工作

中存在着一些问题，比如认定程序不准确、资助对象群体的界定不明确等，他还认为存在这些问题的原因主要是缺乏一个量化的认定标准。毕鹤霞认为可以通过构建一个模型来提高贫困生的认定精准度，这个模型就是贫困度综合判别模型，通过运用模糊综合评判法与模糊层次分析法，对贫困生的致贫因素、因素权重等进行分析，最后得到这个模型。

从资助政策方面来说，刘晶等认为首先要对目前实行的现行资助政策的执行效果进行研究，通过利用模糊综合评判法和层次分析法对执行效果进行分析，然后在贫困生资助工作中提出相应的建议。甘剑锋认为虽然高校资助体系帮助学生解决了一些困难，但是具有一些负面影响，因此要权衡利弊，对目前的资助方式进行改革。这几位学者都是在研究如何完善贫困生的资助制度，并未涉及实践中资助精准度的研究。

从资助模式方面来说，吴朝文等认为当前高校贫困生认定主要是定性与定量相结合，但两者都存在一定的问题，他对此进行了改进，用大数据技术对学生的消费行为特征进行分析，得出结果，然后将这些结果应用到贫困生评估体系中，从而完善现行的贫困生认定工作。罗丽琳认为大数据具有信息采集和分析优势，可在系统论思想指导下，从框架设计、制度保障、技术路径和联动机制四个方面构建高校精准资助模式。尽管这几位学者从大数据视角对高校贫困生资助状况进行了不同方面的研究，并提出了对应的建议，但是他们的研究并没有涉及大数据技术对高校精准资助的意义和作用。

综上所述，当前大多数学者的研究集中在高校精准资助存在的问题及对策方面，研究多局限于现有的资助体系，将大数据技术与高校贫困生精准识别相结合的研究还比较少，而精准识别是实现精准资助的前提。所以，本书侧重于从大数据的角度出发，利用大数据技术对高校贫困生进行精准识别，以提高贫困生资助的精准度。

（二）大数据背景下实现高校贫困生精准识别的意义

1994 年我国正式接入国际互联网，随着社会发展和科技进步，互联网被广泛应用到社会的各个领域，管理信息化逐渐成为各社会组织、团体追求的目标。与此同时，全国各高校信息化建设在 20 世纪 80 年代出现高潮，这一时期的建设主要以校园网络和分散独立的管理信息系统为主。进入 21 世纪，高校以数字化校园为主题的建设得到快速发展，高校信息化整体水平有了质的提高。

近年来，随着云计算、物联网、移动互联、移动智能终端等信息技术的普及，传统意义上的数字校园建设出现了新的变化，建设智慧校园不再只是一句口号，已经成为许多高校新的建设目标和行动指南，校园大数据环境已初步形成。例如，以统一、多功能为特点的校园一卡通管理系统以及其他记录系统已遍布校园的各个角落，可以说学生的学习、生活基本处在信息化、网络化的环境中，学生的个人家庭基本信息、校园消费明细、习惯爱好、学习成绩、奖助情况等都能被这一管理系统所收录、储存并进行数字化转化。这些海量数据真实、客观、全面地反映了学生在校期间的行为轨迹，很多高校已具备运用大数据实施精准识别的基本条件。

目前，大数据的应用范围十分广泛，不仅用于学校系统的信息管理，还被应用到精准扶贫领域。目前，很多高校在贫困生资助方面都是让学生自行填写申报信息来争取名额的。对于学校来说，这种方式难以核实信息真假，也无法掌握学生家庭经济状况的动态变化，精确度比较低。随着科技的发展，大数据技术使高校贫困生的精准识别成为可能。

高校可以构建一个大数据平台，通过这个平台实时收集学生的相关日常行为以及经济活动信息，对这些行为及信息进行分析处理，最终得到贫困学生的行为特征，对其进行定性评判，从而提高贫困生识别的精确度。负责贫困生资助工作的相关人员可以实时动态监测被资助学生的行为，从而对其行为进行跟踪判断，为精准识别贫困生提供参考。

（三）高校贫困生认定程序的现状与问题

家庭经济困难学生（即本文所讲的贫困生）是指学生本人及其家庭所能筹到的资金，难以支付其在校学习期间的学习和生活基本费用的学生。贫困生认定工作一般在每年9月进行，次年3月微调。高校贫困生认定的具体程序可概括为申请、民主评议、初审、复审、复核五个步骤。以下是高校贫困生认定程序存在的问题：

1.学生申请过程弄虚作假

目前，高校学生申请贫困生资助时，首先需要填写"高等学校家庭经济困难学生认定申请表"和"高校学生及家庭情况调查表"，然后由学生到家庭所在地的民政部等相关部门盖章，而在这一过程中可能存在弄虚作假现象。

申请学生家庭所在地民政部等相关部门，只根据户口本等资料对表格信息进行核实，如是不是单亲家庭、是不是低保户等，并没有实地查实该生是否真正满足贫困生的认定条件。这就不可避免地出现有些非贫困生抢占学校贫困生名额的现象，使得真正贫困的学生没有得到资助，这与高校资助政策的精神背道而驰。

2.民主评议环节不民主

在高校贫困生认定过程中，学生填表申请贫困生资助，然后上交盖章证明的表格，之后要进行班级的民主评议。在民主评议环节，有两种评选方法：一是各班级内的班级干部内部互相讨论，决定贫困生人选。二是参选学生上台讲述自身家庭情况，然后班级同学投票，最终确定贫困生人选。但是由于每个班级贫困生的名额是有固定数目的，而且在民主评议中，对贫困生的认定标准不明确，在这个环节容易出现不民主的现象。

3.初审环节审核不严谨

经过民主评议之后，贫困生认定程序进入第三步，即由辅导员对贫困生人选名单进行初审，辅导员对贫困生的家庭信息进行仔细核对、筛选，最终确认人选名单，递交领导签字。领导对最终名单签字之后，还要进行公示，公示之后名单被交给学校学工部进行复审。在初审环节，可能会出现审核不严谨的问题，影响贫困生识别的精准度。

4.复审、复核环节监督不力

复审环节主要由学校学工部负责，学工部先将各学院递交上来的贫困生资料、名单等进行汇总，然后复核各学院的认定结果，接着报学校学生资助工作领导小组审核，最后将认定结果录入家庭经济困难学生数据库。复核环节指的是学校每年不定期通过电话等方式调查学生的家庭经济情况。由于客观条件限制，复审、复核环节可能出现审核人员没有履行好复核、监督职责的问题。尤其是在复核环节，由于没有可靠的方式对受资助学生的家庭实际情况进行核实，复核往往流于形式，监督无从下手。

（四）大数据背景下高校贫困生精准识别的路径

要做到对高校贫困生的精准识别，就要用到大数据技术。利用大数据技术实时跟踪贫困学生在资助前、资助中、资助后最直接、最现实的生活状态，为贫困生认定提供量化指标，能提高贫困生识别的精准度，也是解决上述问题的关键。

1.资助前，实现与政府相关部门的数据对接

高校要做到精准识别贫困生，最重要的是掌握信息。高校学生普遍来自全国各地，要精准掌握学生的信息，实属不易。因此，推进全国学生资助管理系统与各类社会保障部门的信息系统对接和共享，才能实现对高校贫困生的精准识别，为高校学生资助工作提供技术保证。在大学阶段，每个学生进入学校之后，要将个人的基本情况、家庭情况、收入水平等信息录入大数据系统。在此基础上，学校可与学生所在地政府合作，由当地政府上传学生的家庭情况等信息，学校可获取相关信息并进行核实。通过高校与生源地政府的信息交流，在贫困生认定过程中，学校可以防止弄虚作假情况的发生，提高贫困生识别的精准度。

　　2.资助中，建立科学有效的指标体系及识别标准

　　在贫困生认定过程中，工作人员可以将往年的贫困生数据作为参考，通过分析往年贫困生的某些数据，筛选出贫困生识别的主要指标。这些主要指标包括生源地贷款、校园消费明细、家庭经济收入、学习成绩、奖助情况、图书馆资料借阅次数和时间等。

　　然后，工作人员可以根据这些数据的来源对其进行分类，把由学生自己提供的相关部门证明数据作为静态信息，如是否办理生源地贷款、是否为单亲家庭、是否为低保户、是否为残疾人口家庭等，这类静态信息在学生就读期间一般不会发生变化；把校园一卡通系统记录的较为分散的、非结构化的数据转化为动态信息，如校园消费明细、学习成绩、图书馆资料借阅次数、奖助情况等，这类动态信息在学生就读期间一般随着学生行为的变化而变化。接着，运用大数据技术将贫困生的各项数据划分为重要指标与普通指标，细化各项指标数据并按照轻重程度予以赋值，建立全校贫困生识别指标体系。

　　根据学生自己提供的相关部门证明信息与其校内的行为信息，对其是否符合贫困生认定条件进行识别判断，即将静态信息与动态信息相结合，共同作为判断标准，这样的判断更为准确、客观。学校的各种管理系统中记录着学生大量的日常学习与生活数据，如教学记录系统、图书借阅记录系统、校园一卡通系统等。尤其是校园一卡通系统，其记录的学生用餐情况十分具有参考价值，学生的用餐消费行为能够体现学生的生活水平以及贫困程度。

　　通过对学生的用餐消费数据进行分析可以进行数据建模，将学生在学校的消费行为设为关键值，重点关注，然后针对消费的额度、频率和结构对学生的经济状况进行排序，从而实现对贫困学生的精准识别。以贫困生指标体系作为依据，利用大数据技术对贫困学生的一般指标与重要指标进行打分，从而确定其贫困的级别，避免由于贫困标准不明确导致认定环节不民主。

　　3.资助后，利用大数据实现对贫困生认定工作的动态监督

　　在对贫困学生进行资助之后，不能就此结束，还要对贫困学生持续进行跟踪监督。学校要利用大数据技术，采用线上与线下相互结合的方式，完善对学生的监督工作。

针对线上监督工作，学校要将贫困生名单进行公示，并在官方网站设置举报信箱，接收第三方的反馈与监督。当有人举报时，学校要针对具体情况开展调查，如果认定确实存在问题，学校可召回资助金，或者降低、取消该学生之前认证的贫困等级。

线下监督工作主要由学校、教师、学生负责，当发现贫困学生弄虚作假时，学校要立即取消学生的受资助资格，并对学生的学业生涯全过程进行动态监管。在对学生进行跟踪监管的过程中，如果发现某些学生家庭情况发生了变化，无论是由非贫困转变为贫困，还是由贫困转为非贫困，系统都要及时作出反馈预警。学校要及时调整资助对象。

三、大数据在高校选课工作中的应用

（一）高校选课模式存在的问题

选修课是高校培养综合性人才的有效途径。选修课的开设对于拓宽学生视野、发掘学生潜力、丰富学生校园生活有着重要意义。随着网络技术的发展，社会对高校人才的需求趋于多样化，传统的高校选课模式已经不能满足学生全面发展的需求。当前，高校选课模式存在的问题如下：

1.学生问题

高校大规模开设选修课以来，选修课的数量日益增多，学生需要在大量的选修课中进行选择。学生在选课过程中存在以下问题：首先，高校学生在选择课程的时候没有明确的目标，只是根据课程的名称或修完课程所得的学分来判断是否应该选择该课程，往往忽略了自己的专业、兴趣与选修课的适配性。其次，上课时间、上课地点、教师配备等方面存在的限制因素使学生无法选择自己感兴趣的课程，没有实现真正的自主选课。最后，学生对选修课持消极态度。许多学生错误地认为，选修课只是为了获得所需学分，没有多大的意义，对自己以后的专业发展作用不大，因此对待选修课的态度不够认真。

2.教师问题

教师在选修课的教学过程中也存在一些问题。教师申报选修课时都是根据自己的专业方向进行审报，忽视了学生的特点和素质发展的要求，导致许多选修课偏专业化。传统的"教师讲、学生听"的课堂教学模式已经不适合当代高校学生的特点，教学效果不明显，不仅学生的积极性没有得到提升，也没有达到教学相长的目的。

3.系统管理问题

在高校选课过程中，核心是选课系统，选课系统也是整个高校选课工作得以正常运行的中枢系统。在使用选课系统进行选课时，部分学生是比较迷茫的，他们对选修课程并不了解，仅仅只是知道系统上的课程名称、授课时间、授课教师、可得学分等。由于课程介绍过于简单，很多学生并不了解选修课的详细信息，选课过程无异于"盲选"。另外，选课系统还存在无法筛选选修课、选课内容重复等问题，不能准确识别课程内容。由于选课系统无法实时监督教师的教学情况与学生的学习情况，很多教师的教学质量并不达标，学生对选修课的内容也并不重视，因此教学效果并不理想。

（二）大数据在高校选课模式中应用的优势

传统的高校选课模式带来的诸多问题已经严重影响了我国培养综合性人才的进程。大数据技术作为一种新型的生产力，影响了现代的新兴产业，同时也推动了我国教育信息化的发展。高校应利用大数据技术，挖掘、分析课程数据、学生数据、教师数据等诸多数据，发现数据的价值，建立一个新型的选课模式。

大数据在高校选课模式中应用的优势在于：第一，大数据能为提高选修课课程质量提供支持。大数据技术通过对上课人数、课堂气氛、学生积极性等信息进行实时监督，可以帮助授课教师提高课程质量；第二，大数据可以收集全面的数据信息，并对数据信息加以分析，使教师全面掌握学生的兴趣爱好。通过数据挖掘和整合，分析学生与课程、教师之间的交互关系，据此判断课程种类是否需要更新，预测学生未来更偏向于选择哪方面的课程，从而完善选课模式。

（三）大数据时代高校选课模式创新策略

1.设立选课推荐系统

学生在选课推荐系统上对选修课程进行选择时，由于对各种课程不甚了解，容易产生"盲选"现象。为了避免这一现象，选课系统可以设立个性化推荐系统，根据学生的日常行为习惯与兴趣爱好，推送学生可能感兴趣的课程。

学校可利用大数据技术收集学生的各种行为数据，如图书馆借书情况、专业课程学习情况等，然后利用大数据技术对这些行为数据进行分析，找出学生的兴趣爱好。根据学生的兴趣爱好，推送学生感兴趣的选修课程。例如，一个学生经常在图书馆借阅与绘画相关的图书，证明这个学生可能对绘画感兴趣，个性化推荐系统可以自动将那些与绘画有关的选修课程推送给该学生。

学生选择好选修课程之后，选课推荐系统还要实时跟踪其学习情况，根据学生在课程中的学习信息为其制定"一对一"的学习计划，帮助学生查漏补缺，提高学生的学习自主性。利用大数据技术，选课推荐系统不仅能够根据学生自身的兴趣爱好为他们推荐合适的课程，满足学生的个性化需求，节省学生的选课时间，增强学生对课程的积极性，还有利于学生的自主学习。

2.优化课程质量体系

对高校来说，在必修课之外开设选修课，目的是促进学生的全面发展，培养学生成为综合型人才。但是，由于一系列原因，目前高校选修课程的结果并不尽如人意，远远达不到目标的要求。其中，一个比较重要的原因就是高校并没有严格监管选修课程的质量，导致教学效果不好。为了改变这一状况，高校需要利用大数据技术优化目前的课程质量体系，创新高校选课模式，从而提高选修课的教学质量，最终实现促进学生全面发展的目标。

参 考 文 献

[1] 陈婷婷.基于大数据环境下高校教育管理信息化创新与发展研究[J].科技风，2023（4）：59-61.

[2] 陈晓伟，寇鑫，张庆.新时期学生教育与学校管理工作创新研究[M].长春：吉林文史出版社，2021.

[3] 陈燕.高等教育管理理论与效率提升策略研究[M].长春：吉林教育出版社，2021.

[4] 初友香.基于大数据技术的高校教育管理路径探索[J].食品研究与开发，2022，43（2）：233.

[5] 段冬霞.大数据时代下高校教育管理工作的优化路径[J].山西青年，2023（14）：160-162.

[6] 巩丽荣.基于大数据时代的高校教育管理工作优化对策[J].大学，2023（4）：88-91.

[7] 关晓铭，张新勤，禹铭铮.大数据时代高等教育管理创新研究[M].长春：吉林教育出版社，2021.

[8] 郭彩华，吕京.高等教育管理与教学创新研究[M].北京：经济管理出版社，2023.

[9] 郭永邦，郭玫，王卫华.基于当下在线教育环境下的高校学生大数据管理[J].中国新技术新产品，2023（9）：134-137.

[10] 国佳.大数据时代高校思想政治教育管理创新发展思路探究[J].食品研究与开发，2023，44（9）：237.

[11] 姜佳蓓.大数据对我国高校教育管理的影响及对策研究[J].科技风，2022（35）：160-162.

[12] 蓝东.基于大数据的高校教育管理创新研究[J].大学，2021（2）：47-48.

[13] 李灵曦.大数据对我国高校教育管理的影响及对策研究[J].中国管理信息化，2022，25（2）：239-241.

[14] 李勇.大数据对高校教育管理的影响及对策分析[J].中文信息，2023（3）：95-97.

[15] 李祯海.大数据时代的高校学生教育管理模式转变与应对策略[J].太原城市职业技术学院学报，2023（2）：145-147.

[16] 林虹，张进军.高校教育管理模式在大数据信息化时代的创新性实践[J].教育观察，2023，12（31）：16-19.

[17] 刘冰.大数据环境下高校教育管理的实现方向[J].智库时代，2021（19）：47-49.

[18] 刘鑫军，孙亚东.互联网时代高校教育管理模式改革与实践研究[M].长春：吉林人民出版社，2021.

[19] 刘颜.高等教育管理艺术与实践[M].长春：吉林美术出版社，2020.

[20] 倪萍，闫红，张玉洋.信息化视角与学生教育管理研究[M].长春：吉林出版集团股份有限公司，2022.

[21] 沈保华.大数据视域下高校教育管理与大学生信息素养培养[M].北京：中国纺织出版社有限公司，2023.

[22] 宋丽萍.新媒体环境下高校学生教育管理工作创新研究[M].长春：吉林大学出版社，2020.

[23] 孙巍.大数据对现代高校教育管理的影响及改进策略[J].科技资讯，2022，20（11）：236-238.

[24] 陶琼莹.试析大数据对我国高校教育管理的影响[J].新教育时代电子杂志（教师版），2023（5）：85-87.

[25] 王波.大数据背景下高校学生教育管理模式创新[J].现代职业教育，2023（10）：173-176.

[26] 王红艳.大数据思维对创新高校党员教育管理的启示[J].产业与科技论坛，2021，20（14）：265-266.

[27] 王立梅.高等教育管理理论研究与实践探索[M].北京：中华工商联合出版社，2022.

[28] 王猛.浅析大数据技术在高校学生教育管理工作中的应用路径[J].区域治理，2023（12）：177-179.

[29] 吴小毛.面向大数据的高校教育管理改进研究[J].科教导刊（下旬），2019（24）：18-19.

[30] 薛帅通.大数据背景下高校教育管理创新路径探讨[J].山西青年，2022（24）：150-152.

[31] 杨森，陈晨.大数据时代高校学生教育管理创新思考：评《基于大数据的高校教育管理研究》[J].科技管理研究，2021，41（8）：219.

[32] 张波.大数据对我国高校教育管理工作的影响及对策[J].科教导刊（电子版），2021（27）：82-83.

[33] 张宏伟.大数据技术的应用对高校教育管理的影响及策略[J].延边教育学院学报，2022，36（2）：47-48+51.

[34] 张峻浩.大数据时代高校学生教育管理工作的创新路径[J].中国航班，2022（28）：213-216.

[35] 赵纪飞.大数据时代高校学生教育管理模式的转变及策略[J].山西青年，2023（16）：175-177.

[36] 赵玉玲.高等教育管理与教学模式创新探索[M].长春：吉林教育出版社，2021.

[37] 钟琴.教育管理理念与教学艺术研究[M].哈尔滨：北方文艺出版社，2022.

[38] 朱燕宁.互联网＋时代高校教育管理模式改革与创新[M].昆明：云南人民出版社，2022.